サンティリャーナ・デル・マル
ヒホン
オビエド
コバドンガ
アストゥリアス
ビリャフランカ・デル・ビエルゾ
レオン
ビーゴ
ベナベンテ
パレンシア
サモラ
バリャドリード
サラマンカ
シウダー・ロドリゴ
アビラ
マドリード
ポルトガル
トレド
カセレス
エストゥレマドゥーラ
メリダ
バダホス
リスボン
サフラ
コンスエグ
コルドバ
イタリカ
セビリャ
カルモナ
ウェルバ
ヘレス・デ・ラ・フロンテーラ
ロンダ
マラガ
マルベリャ
カディス
カサレス
大西洋
ジブラルタル（イギリス領）
セウタ（スペイン領）
モロッコ
0
100 km

スペイン文化読本

川成 洋 編

丸善出版

まえがき

スペインは、われわれ日本人からすれば、一筋縄ではいかない意外性と謎と情熱が混在しているユニークな国である。

まず、スペインという国名は、英語による呼び方であり、スペイン語では「エスパーニャ」である。半島全体の呼び名はギリシャ語起源の「イベリア」、同様にスペインの呼び方は「ヒスパニア」であり、これは、「ウサギの海岸」あるいは「ウサギの島」を意味するフェニキア語が語源とされている。ローマ人も「ヒスパニア」の呼び名を継承し、現在の国名もこれを源としている。

スペインはアフリカとヨーロッパの接点、地中海と大西洋の出逢いの場、少々大袈裟な言い方をすれば、地球の東西、南北の十字路となっている。こうした地理的の条件のため、先史時代から絶えず多種多様な民族が侵入してきた。ちなみに、人類の起源をアフリカだという説が有力であるが、この説に従えば、スペインはヨーロッパの中で人類が最初に足跡を残した国となる。先史時代は不明な点も多いことから、スペインにやって来た民族単位で歴史的に確認できるところから始めると、紀元前一〇世紀頃に、波状的に南から侵入していたイベロ人を嚆矢《こうし》として、北からケルト人が続き、イベロ・ケルト人、フェニキア人、ギリシャ人、カルタゴ人、ローマ人、ゲルマン人（スエビ人、アラン人、ヴァンダル人）、西ゴート人、七一一年にアフリカからモーロ人（イスラム教徒）、などと実に多種多様である。侵略ないし侵入した民族は男の戦士を主力としたために、先住民族と混血することはあっても、独自の文化や歴史を形成する場合が多かった。そのうえ、国土の三分の二を占める平均標高五〇〇〜七〇〇メートルの高原台地《メセタ》（ちなみに、首都マドリードの標高は六五五メートル）、それを三〇〇〇メートル近くの山脈が取り囲み、しかも大きな河がその高原台地を縦横に貫流している。このような地勢からして、スペインには地域主義的郷土精神、あるいは地域文化主義、政治的には地方分権主義が根強く残っているのも、むべなるかなであろう。

また、国内の言語分布に関して、スペイン内戦（一九三六〜三九）の勝利者であるフランコの独裁政権下（一九四〇〜七五）において、「スペインは一つ」のスローガンのもとに、スペイン国民は唯一の言語、カスティーリャ語（スペイン語）を公用語として強制され、それ以外の言語（バスク語、カタルーニャ語、ガリシア語）の使用を厳禁されていたが、フランコ以降、公用語の大転回を行った。一九七八年憲法の第三条では、カスティーリャ語以外の言語を「自治種の公用語」として認め、「スペインの豊富な言語様式の多様性は文化財」であると堂々と謳っている。

たしかに、こうした地方ナショナリズムが、スペインを分裂させ、近代的な国民国家建設に乗り遅れさせてしまい、総体としてスペインを脆弱させてしまうのではないかという、例えば二〇世紀の哲学者オルテガ・イ・ガセットの指摘は無視できない。

それにしても、現代のように地球のグローバル化が膾炙《かいしゃ》されている時代において、多民族・多文化・多言語社会を容認するスペインは、均一性や画一性を尊ぶ頑迷固陋《ころう》な国よりも、これからの世界でフロントランナーを演ずることになるのではないだろうか。事実、ヨーロッパの列強以上に、スペインはかつて宗主国だったこともあって、一九九一年の第一回以来、毎年開かれているイベロアメリカ・サミットを主宰し、イスパノアメリカ（中南米）諸国と平等互恵関係を締結している。また、かつてイスラム・スペイン（七一一～一四九二年）だったことからも現在のキリスト教諸国とイスラム諸国との触発寸前の緊張関係を緩和させ、両陣営の妥協点を仲介できる立場にある。このことからも、スペインの底力として挙げられるのは、繰り返しになるが、多民族・多重性・多言語の活用なのかもしれない。

本書は、さながらカレイドスコープで覗き込んだ百花繚乱のスペイン文化を網羅的に取り上げた入門書である。具体的には、「歴史」「美術」「建築」「文学」「音楽」「言語」「民族」「食文化」「闘牛」「巡礼」「世界遺産」「サッカー」「ワイン」「ドン・キホーテ」「サグラダ・ファミリア」「ゲルニカ」などのスペイン固有の特徴的なテーマ、さらにわれわれ日本人に馴染み深いテーマに焦点を当て、過去のスペイン、現在のスペインを詳らかに論じ、そして未来のスペインの在り様を推測しようとしている。

本書には、ほぼ全頁の下段部に、上段部の本文の理解をさらに深めるための補足事項、写真、図、歴史資料、あるいは引用した書籍の出典などを、可能な限りきめ細かに掲載している。さらに詳しく知りたいと思われる方は、巻末の章ごとに分類して載せている参考文献を紐解いていただきたい。

末筆ながら、本書の煩雑な編集の労を取って下さった丸善出版・編集部の佐藤日登美さんに、この場を借りて心より感謝の意を表したい。

二〇一六年一月

川成　洋

目　次

スペイン文化読本

1 *historia* スペインの歴史

渡部哲郎

イベリア半島の地勢

ピレネー山脈がヨーロッパ大陸との「壁」になり、ジブラルタル海峡がアフリカ大陸との「橋」になる。加えてその半島は、ヨーロッパ「半島」の「先端」となり、新しいフロンティアを形成する。

先史時代・古代

先史時代の遺跡[1]には、半島内に旧人類ネアンデルタール人、新生人類クロマニヨン人が登場する。紀元前二〇〇〇年過ぎには南東部に青銅器文化（アルメリア文化、アルガール文化）があり、前六世紀にケルト民族がピレネー山脈を越えてイベリア半島に侵入した。これに土着のイベロ人が混交して、ケルト・イベリア（セルティ・イベロ）人が生まれた。前六世紀以後、半島内には大別してイベロ人、ケルト人、セルティ・イベロ人、それにイベロ人以前の先住民族（プレイベロ）バスク人がいた。イベロもバスクも、ともにアルメリア文化の影響が

1　先史時代の洞窟・岩壁画（世界遺産）として、アルタミラ洞窟（1985 年登録）とスペイン北部の旧石器洞窟美術（2008 年追加登録）、イベリア半島地中海沿岸岩絵（1998 年登録）などがある。

図 1 「バサの貴婦人」
紀元前 4 世紀のイベロ人による装飾・彩色の彫刻。ほか「エルチェの貴婦人」などがある。

ある。前一世紀初め頃、半島において、文書に最初に登場したタルテソスはアンダルシアに居住し、イベロ人に属する。

紀元前六世紀、ギリシアが半島沿岸の植民活動から撤退した後、フェニキア人植民都市カルタゴは交易を続けていた。西地中海の覇権を求めるローマは、紀元前三世紀ポエニ戦争でカルタゴを破った。ローマは、イベリア半島に敗走するカルタゴを追って侵入し、その支配を始め、ローマ属州ヒスパニアを設立した。

「ローマ化」によって、初めて半島の統一がもたらされた。そして、そのローマ的なものは、以後のスペイン形成の根底となった。[2] 五世紀初めには、ゲルマン系諸民族がピレネー山脈を通過、そのなかで、西ゴートは西ローマ帝国の同盟者として西ゴート王国を樹立し、トレドを都にした。[3]

中世イスラムの侵入と国土回復戦争（レコンキスタ）

スペイン中世史はレコンキスタ（七一一～一四九二）の中にあった。[4] イスラム教徒勢力は西ゴート王を破り、半島を北へ進みピレネー山脈を越えたが、フランク族に破れると、ピレネー山脈の南に退いた。イスラム支配の下、半島南部アル・アンダルスが繁栄し、イスラムが

2 「ローマ化」一つの法（ローマ法）、一つの言語（ラテン語）、一つの宗教（キリスト教）による統治

3　西ゴートのエウリーコ王（在位 466-82）は西ローマ帝国の同盟者としてヒスパニアのゲルマン諸族を放逐し、ピレネー山脈北のロワール川から南のモレーナ山脈まで広がる「ピレネー帝国」を築いた。その後、フランク族の台頭によって西ゴート王国はピレネー山脈南に留まった。

4　711 年、タリクがグアダレテ川の戦いで西ゴート王を破り、西ゴート王国が瓦解、イスラム勢力はピレネーを越えたが、732 年、ツールとポアティエ間の戦いでフランクに敗れてピレネー南に撃退された。

5　750 年、後ウマイヤ朝の樹立。アブド＝アッラフマーン 3 世治世（912-61）に最盛期を迎えた。都はコルドバ。

都市を拠点としたのに対し、キリスト教徒は農村に留まった。[5] 半島はイスラムとキリスト教両世界の接点になった。

キリスト教諸王国の勢力圏が広がり、一三世紀後半にはグラナダだけがイスラム側に残った。[6] この戦いの中で守護神「サンティアゴ（聖ヤコブ）」を前面に立て共通の敵イスラム陣営に突撃するキリスト教徒たちは、共通の目的「エスパーニャ」[7]というキリスト教国の建設を意識するようになった。その中心はカスティーリャ王国だった。

もう一方の主役アラゴン王国は、一二世紀にカタルーニャ伯国と連合王国を形成し、ピレネー山脈の麓をエブロ川沿いに地中海まで進んだ。地中海に出ると、バレアレス諸島、マヨルカ島、サルディーニャ島、シチリア島、ナポリを勢力下に治めた。

戦いは終着点を迎え、一四九二年一月、カスティーリャ女王イサベルとアラゴン王フェルナンドによって、イスラム最後の拠点グラナダが陥落した。この二人の王は夫婦であり、ローマ教皇は功績により二人に「カトリック両王」の称号を贈った。イベリア半島は、一夫婦による「統一」が完成したイメージが出来上がった。[8] 同じ一四九二年八月ジェノバ人コロンブス一行が、カスティーリャ王国の支援によって「アメリカ」へ出航した。[9]

図2　サンティアゴ像（スペインの守護神）

6　718年頃、コバドンガの戦い（アストゥリア王国が西ゴート復興の名乗りを上げた）。1212年、ラス・ナバス・デ・トロサの戦い（レコンキスタの頂点の戦い）。

7　「エスパニョール」（キリスト教徒）「エスパーニャ」（キリスト教国）は、初めイスラム側からの呼び方であった（アメリコ・カストロ『スペイン人とは誰か——その起源と実像』水声社、2012）。

8　マキャベリは『君主論』においてイベリア半島の「同君連合」を言及。

一六世紀——黄金世紀

一六世紀「黄金世紀」は、カトリック両王の孫でハプスブルク家出身のカルロス一世（在位一五一六〜五六）から始まる。[10]この王は、父方の祖父母からオーストリアやネーデルラントなどハプスブルク家がヨーロッパに領有する地域を、母方の祖父母からカスティーリャ王国の領地にアメリカ大陸、アラゴン・カタルーニャ連合王国とその領地を支配下においた。カルロス一世は、一五一九年には神聖ローマ皇帝に選出され、カール五世としてヨーロッパ経営に専念することになった。当時のヨーロッパは宗教改革の時代であり、カトリック政策を推進するカール五世は宗教戦争に明け暮れた。

その長子フェリペ二世（在位一五六六〜九八）は、神聖ローマ皇帝の位を叔父に譲り、都マドリードの郊外エスコリアールに創立した修道院に住居を定め、父王とは違ってスペイン王として統治した。北アメリカや太平洋への探検が行われた結果、北アメリカではフロリダ半島からカリフォルニアまで、太平洋上の諸島やフィリピン群島に至る領土が広がった。[11]一五八一年、ポルトガル併合によって、アジア・アフリカのポルトガル領土がスペインに編入されて、フェリペ二世は「陽の沈むことなき大帝国」に君臨した。[12]

9　同じ8月に人文学者ネブリハ（1441-1522）は女王イサベルに『カスティーリヤ語文法』書を献呈した。この「文法書」が女王の意志（キリスト教布教）とカスティーリヤ語（スペイン語）を海の向こうの世界へ広げることを容易にした。

10　カトリック両王の次女フアナはハプスブルク家のブルゴーニュ公フィリップと結婚、母イサベルの死によってカスティーリャ王に即位したが、修道院に隠遁したために王位を息子カルロスが継いだ（フアナ狂女、カルロス1世）。ハプスブルク朝の開始。

図3　イサベルとフェルナンド《1492年、グラナダ陥落》
イサベルとフェルナンドは同じ「トラスタマラ家」の出身であったことから結婚。

その統治下で、新教徒やイスラムと戦い、一五六八年オランダ独立戦争の開始、一五七一年レパントの海戦、一五八八年アルマダ海戦などがあった。[13] 世界規模の植民帝国だったが、国家破産が三度も宣言された。対外戦争の戦費を賄うために借金もかさみ、その抵当に貿易の権限が外国商人に委譲された。そのなかで、スペインは産業基盤を整備することなく、メスタ（牧羊業者組合）が強力な権限をもち、農地も荒らされるままに羊毛の原産地にとどまった。そのうえ、毛織物工業の中心であったネーデルランドからオランダが独立した（一五八一）。

レコンキスタとその延長にある海外植民地の存在は、スペイン人にとって安易に富が手にでき、労働を軽視して名誉（オノール）を重んじる性格を付与した。スペインにおいて近代的なメンタリティの形成が遅れた所以である。

一七世紀——王朝の交代へ

一七世紀は、スペイン衰退の時代であった。対外戦争の敗北に続き、ポルトガルの反乱・独立、カタルーニャの叛乱、アラゴンの暴動などが勃発した。その一方で、文化面では後世に残る盛期になった。[14]

スペイン・ハプスブルク朝最後の王カルロス二世は、一七〇〇年に

11　世界一周は、ポルトガル人マガリャイス（英語マザラン）が航海途中フィリピンで戦死した後、船団を率いたエルカーノにより達成された。反カスティーリャのポルトガル・イギリスによる「伝説」づくりである。

12　中世史家サンチェス・アルボルノスは「三つの上陸」の意味を説く。711 年イスラムの「上陸」がカトリック・スペインを、1492 年コロンブスの「上陸」が富と労働の軽視＝名誉心を、1517 年カルロスの「上陸」が大国スペインの盛衰をもたらした。それぞれの功罪があった（フアン・ソペーニャ『スペインを解く鍵』平凡社、1986）。

後継者もなく死去し、後継者はスペイン王家と姻戚関係にあるフランスのブルボン家から迎えられた。これにハプスブルク家が反対し、スペイン王位継承戦争になった。その講和条約であるユトレヒト条約（一七一三）に基づき、スペインの領土は削減され半島内に留まった。その上に、メノルカ島とジブラルタルをイギリスに割譲された。国内では、アラゴンとバレンシア王国がカスティーリャ・フランスの軍門に下り、カタルーニャも破れ、それぞれの特権を剥奪された。

ブルボン朝初代の王フェリペ五世は「国家基本法」を布告し、中央集権政策に乗り出し、バスク地方を除く、旧来の地方特権が破棄された。一方、啓蒙専制君主カルロス三世は、上からの改革を推進し、商工業の保護・育成、土木事業などに着手した。

一九世紀――自由主義をめぐる戦い

フランス革命の余波は、隣国スペインにおいても吹き荒れ、自由主義思想の蔓延、ついにはナポレオン軍によるスペイン占領（一八〇七）という事態に至った。[15]その結果、スペインの旧体制は一時的に崩壊し、外国勢力の占領に抵抗する独立戦争（一八〇八～一三）が、近代スペインの幕開けとなった。一八〇八年五月二日、マドリード市民による

13　フェリペ２世の統治に対する批判は、「黒い伝説」として伝播された。宗教裁判、対外戦争、植民地問題が題材。ラス・カサス神父によるインディオ虐待の告発などがある（P.W. パウエル『憎悪の樹』論創社、1995）。

14　文学では世界文学最初のリアリズム文学作品であるセルバンテスの『ドン・キホーテ』が著された。一方、美術においては、17 世紀スペイン・バロック芸術の全盛期。その先駆者エル・グレコに始まり、ベラスケス、スルバラン、ムリーリョなどの作品がある。宗教画は宗教裁判の影響を受けたもの。

蜂起が始まり、一二年カディスに召集された議会が自由主義に基づく「一八一二年憲法」を制定した。しかし、ナポレオン軍を追い出して勝利した翌年、王政復古（一八一四）によってフェルナンド七世が復位すると、新時代の精神を体現する一八一二年憲法が破棄されて絶対主義が復活した。この後、一九世紀のスペインは、自由主義革命と反動の繰り返しで政治が安定せず、旧体制を完全に払拭し切れない未完全な近代化を経験することになった。

　王位継承問題に端を発したカルリスタ戦争[16]（一八三三～三九、第一次カルリスタ戦争）に勝利した自由主義勢力は、敗者が保持していた地方諸特権を廃止し、中央集権化を進めた。自由主義に刺激され、経済活動が活発になった周辺地方では、一八二〇年代の中南米諸国の独立によって資本の還流もあった。カタルーニャ地方では、織物工業に蒸気機関が導入され近代工業へと脱皮し、バスク地方には、従来型の製鉄業に加え、溶鉱炉が完成して本格的な製鉄業が展開した。イギリス資本も投入され、鉄鉱石が輸出された。一八四四年最初の商業銀行であるバルセロナ銀行、五五年ビルバオ銀行（五七年から全国最初の発券銀行）がそれぞれ創業、五六年には中央銀行の役割をもつスペイン銀行が設立された。

15　宮廷内紛争でカルロス4世とフェルナンド7世父子が並立し、ナポレオンは二人の王をバイヨンヌに幽閉、兄ジョセフをホセ1世としてスペイン王に即位させてマドリード入城させた。

16　王弟カルロス派（絶対主義支持、カルリスタ）と娘イサベル派（3歳で即位。母は、マリア・クリスティーナ。自由主義支持）の戦い。第二次（1846-49）、第三次（1872-76）。

図4　ゴヤ《マドリード、1808年5月3日》

この間、スペイン中央の政治においては汚職などで腐敗が進み、イサベル二世体制が行き詰まると、一八六八年には自由主義進歩派を中心に、民主派や共和派など反政府勢力が女王の廃位を求めて決起した。女王のフランス亡命をもって、革命は成功した。後任の国王には、イタリア王ウィットリオ・エマヌエーレ二世の次男アマデオが推挙され、即位した（一八七〇年一一月一六日）。[17] 一八七一年一月、アマデオはマドリードに入城したが、スペインでの生活に馴染まず、議会と対立して七三年二月に自ら退位し、スペイン第一共和制が誕生した。短命な四人の大統領が登場したが、政治の安定は得られなかった。[18]

これに対して、王政復古を求めるクーデタが自由主義穏健派を中心にした蜂起が続き、一八七四年一二月末に成功した。翌七五年一月にイサベル二世から王位を継承した息子アルフォンソ一二世がマドリードに入り、一八七六年七月二日「七六年憲法」が制定されてブルボン朝の王政復古体制は整った。この「上からの自由主義」は立憲君主制、議会主義に基づき、二大政党制による体制の安定をもたらした。この機に鉄道網が拡充され、バスクの製鉄・鉱山業やカタルーニャの織物業が活況を呈した。[19]

しかし国際競争力に欠ける国内産業は、政府の保護政策下にあった。

17　ブルボン出身以外の王が探し求められ、普仏戦争の火種となった（1870）。
18　短命な４人の大統領は、カタルーニャ出身者かマドリードの弁護士。カタルーニャの経済発展が背景にある。
19　スペイン産業革命は、カタルーニャ（繊維業）とバスク（製鉄業）のみで展開した。

自由主義に基づく土地改革によって、農民は土地から切り離され、小麦などの不作から農民生活はますます貧窮していた。一八九〇年代になると、経済状況が暗転して労働運動が激化し、カタルーニャの工業地域やアンダルシアの農村では、アナキスト系労働運動が主流となった。カタルーニャでは、工業発展によって資金を得たブルジョアジーが「カタルーニャ文芸復興」(カタルーニャ・モデルニスモ)に傾倒し、政治的な「旧特権の回復」「地方自治」を求める地方主義運動を指導した。バスク地方では、工業発展によって外からの労働力が大量に流入するようになると、伝統的な生活(言語・文化)保持を訴える都市中産階級や、農民の支持を受けた政治運動、バスク・ナショナリスタ運動[20]が始まった。

一八九八年、西米戦争の敗北によるキューバ、プエルトリコ、フィリピン、グアムの喪失は、単なる植民地の喪失ではなく、すべての喪失であり、スペイン「植民地帝国」栄光の終焉を意味した。「九八年世代」と呼ばれる文化人たちがスペイン再生をめぐって「スペインとは、なにか」を論じ合った[21]。

20　バスク・ナショナリスタ運動の創始者はサビーノ・アラナ。

図5　サン・パウ病院
カタルーニャ・ルネサンス(モデルニスモ)時の建物。設計はモンタネール。カタルーニャ音楽堂なども手掛けた。

二〇世紀——第二共和国へ

二〇世紀に入り、現代の開幕である第一次世界大戦では、敵対する双方から疎外される外交的孤立「中立」によって戦時景気となったが、戦後不況は深刻であった。対応するスペインの選択は、プリモ・デ・リベラ将軍のクーデタ（プロヌンシアミエント 軍事蜂起宣言）による軍事独裁制の樹立であった[22]（一九二三年九月）。

この独裁体制は治安維持に貢献し、工業経営者には支持されたが、「大衆」を無視していた。その矛盾が露見すると、体制の維持に行き詰まったアルフォンソ一三世は、一九三一年四月に地方選挙の実施を宣言せざるを得なかった[23]。王政か共和政かをめぐる選挙は、地方、農村部において王政支持派が圧倒したが、マドリードやバルセロナなど大都市で共和派が勝った。この選挙状況が判明すると、国王は王権を停止して亡命した。

一九三一年四月一四日、臨時政府首班アルカラ・サモラが第二共和国樹立を宣言した。六月には立憲議会選挙が実施され、国民は民主主義がスペインに初めて到来したことを意識した。新憲法（一二月発布）に基づき、アルカラ・サモラ初代大統領、アサーニャ首相のもとで、社会改革が着手された（改革の二年間）。選挙による政権交代は、政

21　再生モデルをヨーロッパ（近代）に求めるか、スペイン（伝統）に求めるか、についての論争。前者の代表は「27 年世代」に属するオルテガ・イ・ガセット、後者はミゲル・デ・ウナムノ。

22　軍人の政治参加を極力避けるヨーロッパ先進国の体制に倣って導入した立憲体制は、ここに崩壊した。

23　地方選挙結果は、全国で王政派 22,150 議席、共和派 5,775 議席、県庁所在地では王党派は 4 議席のみ。

権内部の不一致から、三三年一二月に実施された総選挙において、今回は保守的な右派が勝利した。右派は前政権の改革をすべて反対する方針であったが、政権を担当するにあたり、ドイツにおけるようなナチス一党支配の懸念に配慮して、前政権に加わっていた中道派の急進党との連立政権となった。政権発足時に、左翼勢力は全国で蜂起する画策だった（一九三四年一〇月革命）。アストゥリアスとバルセロナにおける労働者の反乱は鎮圧された。その後、左翼勢力は一九三六年二月、総選挙に向けた選挙協定である「人民戦線」を結成した。「人民戦線選挙」で左派勢力が勝利し、大衆を基盤とした政党・労働組合は「社会革命」へ動き出そうとしていた[24]。

スペイン内戦

スペインに初めて民主主義が導入された第二共和国が混乱し、その収拾を求める保守・右派の政治勢力に支援されてフランシスコ・フランコ将軍は、一九三六年七月一八日にスペイン領モロッコにおいてプロヌンシアミエント（軍事蜂起宣言）を出した。その先例があり、「政権交代」の手順であった。それゆえに、紛争は早期に解決する目論みであったが、事態は違う方向に進んだ。内戦勃発とともにあらゆる分

24 「人民戦線」選挙：1936 年 2 月 16 日投票結果。人民戦線 4,570,744 票 263 議席、右派ブロック 4,356,559 票 133 議席、中道：バスク民族党 141,137 票 5 議席、急進党ほか 340,073 票 77 議席。

図 6　マヌエル・アサーニャ（1880-1940）
第 2 共和国大統領（1936 年 5 月就任）

野が二分され、双方に相手を圧倒するだけの物量が用意されていなかった。それぞれが国外の勢力に支援を求めたために、当時の国際情勢が反映する紛争に発展したのだ。

共和国政府が支援を期待したフランスとイギリスは不干渉を唱え、九月にロンドンに不干渉委員会が設置された。叛乱軍側ではフランコ将軍がドイツ・ナチス党員のルートからヒトラー総統に連絡し、飛行機を中心にした武器援助を受けるようになると、イタリアも叛乱軍の支援に回り、叛乱軍の主力がモロッコからジブラルタル海峡を渡った。

共和国陣営では、民衆への武器引渡しをめぐって七月一八日から一九日にかけて三人の内閣首班が交代した。[25] 共和国派の各政党や労働組合が民兵隊を組織し、各地方や地域でそれぞれ設立された防衛評議会が実権を掌握した。九月、ソビエト連邦（以下、ソ連）が支援を公式発表し、一〇月、首都マドリード攻防戦には国際的な義勇兵で組織された国際旅団が到着した。[26]

スペイン南部から攻勢に転じたフランコ軍は、トレドを陥落、一〇月にマドリードを包囲した。[27]

しかし、マドリード攻防戦が決着つかないまま、一一月、ドイツとイタリアがフランコ政府を承認、一〇月末、共和国政府がスペイン銀

25　カサレース・キローガ（ガリシア共和連合）、マルティネス・バリオ（共和統一党）、ホセ・ヒラール（左翼共和党）へ交代。
26　国際旅団は外国人義勇兵によって構成されたが、コミンテルン（共産主義インターナショナル）が主導するようになった。

図7　フランシスコ・フランコ（1892-1975）

行保管の金をソ連に移送し、フランコ政府（国民戦線）にドイツとイタリア、共和国政府（人民戦線）にソ連、双方の支援が明らかになった。

一九三七年四月、フランコ陣営ではフランコがファランへ党の主導権を奪い、政治統一に乗り出した。五月、共和国陣営のバルセロナでは「内戦の中の内戦」といわれるCNTと共産党が衝突し、以後、共産党がソ連の支援を背景に主導権を掌握するようになった。北部戦線では、四月二六日、バスク人の聖地ゲルニカがドイツ・コンドル軍団を中心に空襲され、無差別都市爆撃の最初の例といわれる事件が起こった。六月にはビルバオが陥落し、バスク自治政府はバルセロナやパリなどへ逃れ、亡命政府として活動した。

共和国陣営の劣勢が続き、一九三九年一月、フランコ軍がカタルーニャへ突入し、共和国派は次々にフランス国境を越え、政治難民となった。まだ国際的な救援法がなく、難民は亡命者としてヨーロッパ諸国やアメリカ大陸に離散した[28]。その中でメキシコは、内戦中から共和国政府を支持し、亡命共和国政府を受け入れてスペインと国交を断絶した。同年四月一日、スペイン内戦終結、九月三日に第二次世界大戦が勃発した。「スペイン内戦が第二次世界大戦の前哨戦であった」といわれる所以の一つは、ドイツとイタリアがフランコ陣営を支援しなが

27　1936年10月、フランコ陣営は、フランコが国家首長、軍総司令官に就任し、命令系統が統一された。その前月、共和国陣営では社会労働党ラルゴ・カバリェロ内閣が成立、アナルコ・サンディカリスト労働組合CNTからも4名が入閣し、すべての労働勢力が参加する政府が生まれ、軍事的にも人民軍が設立された。

ら「同盟」にまで発展したことにある。大戦が始まると、ヒトラーとムッソリーニという同盟国首脳が直接に会見して参戦を求めたものの、フランコは「中立」を表明した。一九四一年には「非交戦国」として、反共産主義の立場からドイツに義勇軍を送り、独ソ戦を戦った。その後、再び「中立」に戻った。

フランコ体制と民主化

一九四五年、ドイツの降伏後、ポツダム会談において「反スペイン声明」、四六年には国連総会において「スペイン排斥決議案」が採択され、フランコ体制のスペインは「民主主義の敵」として国際社会から追放された（一九四五～五三）。フランコは、国際的孤立の下で「独裁」と言われる体制の枠組みを整えた。[29] フランコ時代は約四十年続き、「スペインには四十年間、民主主義がなかった」と揶揄された。フランコ体制はスペイン内戦の勝者が構築した、専制的な独裁政治であり、「孤立」に耐えた。しかし、米ソの対立による冷戦が激化すると、国際的な孤立が解消された。米国がフランコ体制のスペインに接近し、一九五三年、スペイン・アメリカ合衆国相互友好条約（マドリード条約）によって基地提供の見返りに経済支援を得たことで、スペインは

28　スペイン難民：内戦末期は、約50万人がフランス国境を越えた。終戦で30万人が帰国。ドイツのフランス占領（40-44年）、2万人帰国。フランスに14万人、その他へ3万5,000人（北アフリカ、ソ連、ヨーロッパ、中南米）。バスク人（1937年6月ビルバオ陥落）は15万人が国外へ。

29　政治学者フアン・リンツ（1926-2013）：「フランコ体制」について、権力中枢が一枚岩でないことなどから、全体主義と異なる権威主義体制と分析した。（J. リンス著、高橋進監訳、睦月規子他訳『全体主義体制と権威主義体制』法律文化社、1995）

国際社会に復帰した。フランコは政治体制を変換することなく、つまり「民主主義」に屈することなく、外交勝利を得た。

門戸開放政策への転換、一九六〇年代高度成長に支えられて産業構造が農業主体から変化し、工業やサービス部門への就業人口が増大した。貿易収支の赤字が観光産業の成長と国外労働者（移民・移住者）の送金による外貨の獲得によって相殺され、経済成長が政治的な不満を緩和していた。しかし一九七三年、石油危機による経済成長の鈍化が国内の政治的な不満を顕在化した。すでに一九六九年、フランコの後継者にファン・カルロス皇太子が指名され、七三年に政治的な後継者に腹心のカレロ・ブランコ首相が指名された。しかし同年一二月、バスク地方の民族独立急進派ＥＴＡがこの首相を暗殺した。以後、フランコ体制は混迷状態へ入る。

そのなかで、反体制派政治勢力も国内における活動が緩和され、また体制内改革派の存在も明らかになった。さらにファン・カルロス皇太子の開明的な政治姿勢もあり、フランコの老衰死（一九七五年一一月二〇日）以後、王政復古（一一月二二日ファン・カルロス一世即位）、立憲王政、民主化移行と進んだ[30]。一九七八年、憲法施行によってフランコ体制が法的に消滅した。新憲法において、スペインは「地方自治」

30　フランコ時代の古い法で体制を葬り去り、新しい法で民主主義に転換することになった。

表１　社会構造の変化（%）

	1960 年	1965 年	1967 年	1997 年
農業人口	39.7	34.3	27.9	8.1
工業人口	32.9	35.2	38.1	31.2
第三次産業	27.3	31.2	34.0	61.7

国家と定義された。カタルーニャ、バスク両地方に始まり、一七の「地方自治州」が誕生した。民主化の拡充は、前時代の権力集中「独裁」から徹底した地方分権の実施に示された。

政権交代も選挙によって実現し、懸案の「ヨーロッパ」への参加も達成された。ヨーロッパの中にスペインを置くことは、「民主化」を確実なものにする役割をもっていた[31]。一九九九年一月には通貨統合の第一陣に加わり、ヨーロッパ連合（EU）の中核国になった。九〇年代からのスペイン経済の成長部門は、建設業と観光業であったが、ユーロの導入によってスペインは資本投資の対象となり、ドイツなどから不動産業への投資が際立ち、国内の銀行も同調した。二〇〇八年には不動産バブルが破綻、国際的なリーマン・ショックもあり、外国資本の撤退と国内銀行の資金繰りが悪化した。好景気を支えた部門の急速な悪化により、不況が全体へ及んだ。

不安な国民生活は、高い失業率に表わされ、政治・政党不信（国民党と社会労働党の二大政党に代わる新党の登場）、さらに王室へも向けられた。そして、二〇一四年六月一九日、フランコ独裁を脱して「民主化」へ移行する支柱となったフアン・カルロス一世が退位し、不評からの「再生」を目指してフェリペ六世が即位した。

31　1982年5月：北大西洋条約機構（NATO）加盟、1986年1月：欧州共同体（EC）加盟。

図8　フェリペ6世即位式（2014年6月19日）
（写真：AEP＝時事通信）

2 Artes スペインの美術

小川英晴

スペインという大地

天空を突き抜ける青空。それに何処までも続く赤茶けた大地。地平線が色鮮やかに夕暮れに染め変わると、突如漆黒の闇が訪れる。スペインの景色に中間色はない。ただ光と闇の対比が鮮烈な印象として心に残ることになる。ここでは生き残ったものだけがすべての富を手に入れることができる。それは赤茶けた大地にそびえ立つ一本のオリーブの巨木を見れば明らかだろう。偉大な画家にとっても例外ではない。中世から近代に至るまでのスペインの画家、エル・グレコ、ベラスケス、ゴヤの偉大な仕事もみな勝ち残った者たちの仕事だ。彼らと覇権を競った三指の名前を挙げることすら、今となっては容易ではない。

栄光のスペイン。そもそもスペインの美術の歴史は有史以前のアルタミラの洞窟壁画から始まる。この壁画は一九八五年にユネスコの世界遺産に単独登録されたが、その後、アストゥリアス州の五洞窟、カンタブリア州の九洞窟、それにバスク自治州の三洞窟を含めた一七洞

図1　アルタミラ洞窟壁画
先史ヨーロッパ時代の区分で主にマドレーヌ期（約18,000-10,000年前）と呼ばれる旧石器時代期末に描かれた野牛、イノシシ、馬、トナカイ、魚などの動物を中心とする壁画。

窟を含めて、「アルタミラ洞窟とスペイン北部の旧石器洞窟美術」と改称された。アルタミラ洞窟壁画は、ソリュトレ期に属する約一万八五〇〇年前頃のものと、マドレーヌ期前期頃の一万六五〇〇～一万四〇〇〇年前頃のものが含まれている。約一万三〇〇〇年前の落石により入口は閉ざされ、壁画が外気から遮断されたことで幸運にも今日まで保存されてきた。描かれたものは、野牛、イノシシ、馬、トナカイなど。その描写は素朴で簡潔、動物の特徴をよく捉えていて、表現力の見事さに驚かされる。すでにこの時代から、芸術上のデフォルメ[1]が始まっていたのだ。人間はなぜ絵を描くのか、といった素朴で本質的な問いかけの解答が、これらの壁画にあるといってよい。

私たちの祖先は、かくも天と地の激しく呼応する場所に住み処を築き、自分たちや祖先のために、あるいは宗教的儀式のために洞窟壁画を描いたに違いない。この壁画を描いたのはクロマニヨン人ではなく、ネアンデルタール人との説もあるが、人間が絵を描くという行為が、実は有史以前からあったことに、今さらながら驚かされる。

マニエリスム[2]の時代を生きたグレコの世界

エル・グレコ[3]（一五四一～一六一四）の作品といえば、面長の顔、

1　デフォルメとは、変形、歪形の意。形態や空間や量感の表現を正確に再現する写実より、芸術家の造形意思を重視して、意識的に形や空間的秩序を変形し、独自の造形的秩序を創り出すこと。

2　マニエリスムとは、16世紀中頃から末にかけてみられる、後期イタリア・ルネサンスの美術様式をいう。

3　エル・グレコ（本名：ドメニコス・テオトコプーロス）（1541-1614）：クレタ島出身のスペインの画家。エル・グレコは「スペイン人」の意。20代中頃にヴェネツィアにてティツィアーノなどからヴェネツィア派の技法を学ぶ。その後ローマに移り、ラファエロやミケランジェロの影響を受ける。写実的な肖像画や、長身化様式化された人物像が神秘的な宗教画が特徴。20世紀初頭に再評価された。

それに天上へと伸びてゆく絵画構成、黒と赤、それに黄と青を基調とした印象深いマチエール[4]。ひと目見ただけで、それがエル・グレコの作品とわかる。だが、当時から彼が順風満帆、高い評価を得ていたわけではない。時の権力者であるフェリペ二世からは、奇抜な構図や色彩が気に入られなかったといわれている。それゆえグレコは、宮廷画家としてではなく宗教画家としての道を歩むことになる。グレコの代表作の数々は、現在もマドリードのプラド美術館において見ることができる。ギリシャ、クレタ島生まれのこの画家は、ビザンティン様式[5]の研究を習得した後、イタリアにおいても一〇年間、ティツィアーノやヴェネツィア派[6]のミケランジェロ[7]に直接学んだ。だが、一説によるとミケランジェロに対して強烈な批判をしたためにイタリアに居づらくなり、スペインへと渡り、トレドへ渡ったといわれている。そういう意味で、自己の信念に対して妥協を一切許さない生き方を、自らに強いてきた画家ともいえよう。

　エル・グレコはマニエリスム後半に登場した最大の画家であるが、スペインでのグレコの生活を支えたのは、グレコの肖像画に描かれた当時の最高レベルの知識人たちだといわれている。極めて個性的で印象深い作品によって、一度グレコの作品を見た者は忘れがたい印象を

4　マチエールとは、材質感の意。作品自体の表面の感じ、素材の選択や用法によって創り出す「肌合い」。絵の場合には、「絵肌」を意味する。

5　ビザンティンとは、コンスタンティノポリスの旧名ビューザンティオンに由来する用語。

6　ヴェネツィア派とは、ルネサンス美術史における、ヴェネツィアの美術あるいは美術家の総称。

7　ミケランジェロ（1475-1564）：イタリアの彫刻家、建築家、画家、詩人。フィレンツェ近郊で生まれ、14 歳の時にメディチ家の保護を受けドナテルロの作粉を学び、古代彫刻の研究も行う。1499 年サン・ピエトロ大聖堂の「ピエタ」（彫刻）、システィーナ礼拝堂の《最後の審判》、最晩年の「ロンダニーニのピエタ」（彫刻）など数多くの作品を残した。

もつ。ベラスケス[8]と同時代の宮廷画家であるジュゼッペ・マルティネスは未完の著作『高貴なる絵画芸術実践講座』の中で、「きわめて奇抜な手法をもち込んだ」と述べている。おそらく奇抜というよりもより斬新な、人間の内面までも描かずにはいられない強い要求が、グレコにはあり、それが宗教画においては天界と地上界との霊妙な呼応となり、天地をつなぐ物語となって再生されたのだろう。

代表作には《盲人を癒すキリスト》（一五七〇、メトロポリタン美術館蔵）、《聖衣剥奪》（一五七九、トレド大聖堂蔵）、《オルガス伯の埋葬》（一五八六～八八、トレド、サント・トメ教会蔵）、《受胎告知（托身）》（一五九六～一六〇〇、プラド美術館蔵）、《トレド風景》（一五九七年頃、メトロポリタン美術館蔵）などがあるが、天上界をも包括しようとする荘厳なスケールと大きな構図は、他の追従を許さない、独自の仕事といえるだろう。

スペイン最大の画家ベラスケス

スペイン絵画といえば、まず最初に思い浮かべるのはベラスケス（一五九九～一六六〇）の《ラス・メニーナス》だろう。それほど《ラス・メニーナス》に登場する人物は謎めいていていて魅力的であり、それ

8　ベラスケス（1599-1660）：17世紀スペイン絵画の最大の巨匠。セビリャ生まれ。義父フランシスコ・パチェーコに学び、カラヴァッジオの明暗法とリアリズムを出発点として、24歳で国王フェリペ4世の宮廷画家となり、生涯を宮廷内で過ごす。完成された構図、見事なデッサン、知的な色彩による典雅な作風が特徴。

図2　《オルガス伯の埋葬》

図3　《トレド風景》

でいて鮮烈な印象を見る者に与える。この作品はベラスケス晩年の作品であり、スペイン国王フェリペ四世の王女マルガリータとその侍女、道化師、愛犬、画家自身と正面の鏡にはフェリペ国王夫妻が描かれている。そして、その一人ひとりが緊張した面持ちの中で、独自の存在感を示している。突如時間が静止したかのような不可思議な雰囲気の中に、各自の人物像を描き込むことが、ベラスケスによってなされた心理解剖学的結果なのであろう。この名作は、スペイン美術にとどまらず、ベラスケスは《ラス・メニーナス》一点によって、西洋絵画の頂点に君臨しているといってよい。

ベラスケスの卓越しているところは、描写力の確かさはもちろんのこと、人間の洞察力の深さにある。決して華美に走らず、理知的な眼差しの確かさによって、人間個々の本質までも抉《えぐ》り出す恐ろしいほどの怜悧さと、対象との巧みな距離感をもって描いていたことによる。

ベラスケスは二四歳で宮廷画家[9]に抜擢されると、宮廷肖像画家として実力を遺憾なく発揮し始めた。宮廷内には代々の国王が集めた数々の優れた収蔵作品があり、その作品を自らの師として精進を続けたこと、それに、二度のイタリア留学を果たしたことも、その後の仕事に大きな影響を与えたことは想像に難くない。

9　宮廷画家とは、皇帝、王、諸侯に直属、または宮廷所属の工房にあって、芸術の各分野での王室の需要に応じた芸術家、職人のこと。

図4　《ラス・メニーナス(侍女たち)》

ベラスケスの代表作には、《ラス・メニーナス》（一六五六～五七、プラド美術館蔵）のほかに、《アラクネの寓話》、《無原罪の御宿り》（一六一八、ロンドン・ナショナル・ギャラリー蔵）、《東方三博士の礼拝》（一六一九、プラド美術館蔵）、《バッコスの勝利（酔っ払いたち）》（一六二八頃、プラド美術館蔵）、《ウルカヌスの鍛冶場》（一六三〇頃、プラド美術館所蔵）、《キリストの磔刑（サン・プラシドのキリスト）》（一六三二頃、プラド美術館蔵）、《教皇イノケンティウス一〇世》（一六五〇、ドーリア・パンフィーク美術館蔵）、《八歳のマルガリータ王女》（一六五九、ウィーン美術史美術館蔵）などがある。

スペインの大地が生んだ偉大な天才ベラスケスの仕事は、色褪せるどころか、時代を越えて今なお燦然と輝いている。本物の作品は見る者を沈黙させる。感動しているうちは、まだまだ芸術の入口なのだ。沈黙し、打ちのめされ、身体がぐったりしてしまうほどに心を射抜かれてこそ、それは単なる芸術作品との出逢いを越えて、人生におけるかけがえのない出逢いとなるのである。

宮廷画家ゴヤの光と闇

フランシスコ・デ・ゴヤ[10]（一七四六～一八二八）のどの作品が好き

図5 《8歳のマルガリータ王女》

図6 《キリストの磔刑》

かと問えば、《カルロス四世の家族》（一八〇〇〜〇一、プラド美術館蔵）や《裸のマハ》《着衣のマハ》（ともに一七九七〜一八〇三、共にプラド美術館蔵）と答える人と、一連の「黒い絵」[11]を思い浮かべる人とに分かれるだろう。だが、初期の作品があってこそ、より一層「黒い絵」が光るということを忘れてはなるまい。

ゴヤは、一七四六年、スペイン北東部サラゴサ近郊のフェンデトードに生まれた。一七七〇年にはイタリアに勉学のための旅に出ている。その後、ゴヤは一七七五年から十数年間に渡り、王立タペストリーの下絵描きの仕事に携わる。二四歳で宮廷画家になったベラスケスに比べてゴヤは四〇歳のとき、ようやく国王カルロス三世付きの画家となり、一七八九年には新王カルロス四世の宮廷画家になる。だが、栄光と同時に大きな不幸もやってくる。ゴヤは不治の病に侵されて聴力を失ってしまう。しかし、その苦悩と戦いながらゴヤの代表作といわれる《カルロス四世の家族》《裸のマハ》と《着衣のマハ》《マドリード——一八〇八年五月三日》《巨人》などの作品を描き続けた。

ゴヤの晩年の「黒い絵」はどこか神話的要素が強まり、人物も戯画化されているところがあるが、もうすでに《マドリード——一八〇八年五月三日》においても作中の人物は戯画化されていて、ゴヤが意識

図 7 《カルロス四世の家族》

10 フランシスコ・デ・ゴヤ（1746-1828）：スペインの画家、版画家、主席宮廷画家。サラゴーサ県の寒村フェンデトドス生まれ。サラゴーサで絵画を学び始め、イタリアに留学し帰国した。後に宮廷画家となる。写実主義の肖像画を多数残している。

11 黒い絵とは、ゴヤの晩年の作品群のこと。1819 年、全聾《ぜんろう》のゴヤが瀕死の重病にかかってから、マドリード郊外にある「聾者の家」の食堂とサロンの四壁に描いた。全 14 枚の作品。

するしないにかかわらず寓話的世界を描いているのが読み取れる。

一方、《カルロス四世の家族》の家族の表情は、みなそれぞれ特徴がよく表れていて、画面を見ていると、ゴヤの一人ひとりに対する関心の深さが見事なまでに反映していることに気付かされる。当時、皇帝ナポレオンの将軍ミュラの率いるフランス軍はマドリードに向かって進撃していた。なすすべもなくカルロス四世は逃亡し、そこでスペイン民衆の暴動にあって、カルロス四世は廃位されてしまう。そしてその息子フェルナンドが王位に就くわけだが、そのことを予期してか、この絵の主人公がカルロス四世ではなく、実はフェルナンドにあるということを、気高い表情、それに眼光鋭い眼差しなどの描き込みの深さからうかがい知ることができる。

ゴヤの「黒い絵」といわれる一四点の作品は、ゴヤが「聾《ろう》者の家」と名付けた別荘に掛けられていたといわれている。そういう意味で公的な作品というよりは、ゴヤ自身の私的な作品だったのだろう。色鮮やかな絵具ではなくモノクロームに近い絵具を使用することによって、作品はより一層精神性を増してくる。おそらくゴヤは自らの魂の安らげる場所を見い出すために一連の作品を描き、寂寥《せきりょう》とした神話的世界に救いの場所を求めたのだろう。しかし、ここに本当の意味での

図８（上）《裸のマハ》、図９（下）《着衣のマハ》
同一人物を裸と着衣で描いた（ともにプラド美術館所蔵）。精緻な描法の裸体が、近代的な裸婦像の先駆的作品として有名。ゴヤは壁画、油絵、素描に無数のマハ像を残している。

救いの場所があったかどうか、作品と向き合っていると、生きとし生けるものの極限の寂しさと悲壮感、それに不毛の大地が見えてくる。一連の「黒い絵」はつまるところ、人間の原罪を暴き出す傑作といってよい。まさにゴヤの「黒い絵」は、さまざまな苦境を乗り越えて、ゴヤがようやく辿り着いた世界であり、それは神話や寓話を想起させながら、なお自らの内に眠る魂をもって、開示することのできた究極の世界だったのである。

現代美術の生んだ偉大な天才ピカソ

想像を絶する生命力と創造力。近代から現代に名を遺した世界中の偉大な画家たちの中にあって、パブロ・ピカソ[12]（一八八一〜一九七三）ほど膨大な仕事を残した者はいまい。その仕事は一〇万点を超える油絵と素描、一〇万点の版画、三万四〇〇〇点の挿絵、三〇〇点を超える彫刻と陶器があるといわれている。

ピカソは、スペイン南部アンダルシアのマラガで生まれた。一九〇〇年のとき、若き詩人カサヘマスたちとパリを初訪問し、一九〇一年、一九歳のとき、パリで初の個展。「青の時代[13]」の始まりである。そこで最下層の人々との生活に共感し、彼らの世界を深い愛情と慈愛の眼

12　パブロ・ピカソ（1881-1973）：スペインの画家。マラガ生まれ。父を師として絵画を学び、その後、マドリードのサン・フェルナンド王立アカデミーを経て、1900年パリに出る。1901年から「青の時代」、1904年にパリの洗濯船に定住し「ローズの時代」の作品を展開、さらに古典主義的傾向になり、ジョルジュ・ブラックとともにキュビズムを創始した。戦後は、自由な作風の作品を中心に膨大な数の作品を残した。

図10　《砂に埋もれる犬》
（連作「黒い絵」より）

差しをもって描いた。その時期、恋愛——といっても片思いのもつれから自死した親友カサヘマスの切なる想いが、青の時代（一九〇一～〇四）の作品に一層の深い悲しみと深さを与えたことは想像に難くない。貧しさと悲惨さ、それに、描かねばならぬという切実な想いが、青の時代の作品を確固たるものにしたといってよい。その四年後には、ローズの時代[14]（一九〇四～〇七）、さらにアフリカ彫刻の時代（一九〇七～〇八）へと入ってゆく。

ピカソはまた、キュビスム（一九〇九～一八）の創始者としても知られている。その後、新古典主義の時代（一九一八～二五）、シュールレアリスムの時代（一九二五～三六）、ゲルニカの時代（一九三五）、晩年の時代（一九六八～七三）へと進んでゆくが、貧しく、親友の死という深い悲しみを通して生まれた「青の時代」の仕事があったからこそ、常に時代の先端に立って、ありとあらゆる表現を自らに課し、それを試し、芸術の挑戦者であることができたのである。

ピカソの代表作は膨大で、数点を取りあげるのは困難を伴うが、青の時代では《人生》《老いたギター弾き》（一九〇四）、《盲人の食事》、ローズの時代では《パイプを持つ少年》（一九〇五）、《旅芸人の家族》（一九〇五）、《役者》（一九〇五）、キュビスムの時代では《アビニヨ

13　青の時代には、親友カサ・ヘマスの自殺に衝撃を受け、プルシャンブルーを主調とした暗青色を使用し、貧しい人々の生活、特に娼婦、乞食、盲人などの人々を描いた。

14　ローズの時代には、フェルナンド・オリヴィエという恋人を得て、明るい色調でサーカス・旅芸人・少年・少女などを描いた。

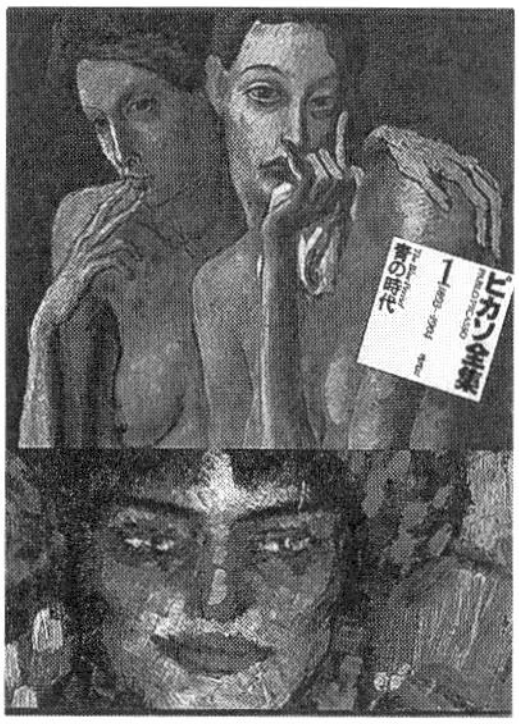

図11 「青の時代」の作品集
（『ピカソ全集 1』講談社、1981）

ンの娘たち》（一九〇七）、そのほかの時代では《夢》（一九三二）、《ゲルニカ》（一九三七）、《泣く女》（一九三七）、《シルヴェット》（一九五四）などがある。

シュールレアリスムの異端児ダリとミロ

プラド美術館では、シュールレアリスム[15]絵画と抽象主義絵画のルーツをベラスケスやエル・グレコ、ゴヤなどの宮廷画家に求めている。確かにゴヤの《運命の三女神》やエル・グレコの天地呼応の宗教画にはシュールな世界が描かれてはいる。それに、ピカソ、ダリ[16]、ミロ[17]と、スペインというよりは、もはや国際的な画家の三人が、シュールレアリスムの洗礼を受けたことも、スペインの絵画史との幾ばくかの因果関係を見て取ることができるだろう。シュールレアリスム絵画は自動筆記やコラージュ[18]などによって、自意識が介在できない世界、無意識の世界を捉えようとしたことにある。そのような画家ジョアン・ミロ（一八九三～一九八三）やマックス・エルンスト[19]（一八九一～一九七六）たちの仕事は、やがて具象的な形態から離れて、抽象画へと移行してゆく。

一方、不条理な世界、日常ではあり得ない組合せなどを写実的に描

15　シュールレアリスムとは、超現実主義の意。20 世紀の芸術思潮の主流の一つ。1924 年にアンドレ・ブルトンの著書『第一宣言』によって起った運動で、美術や詩、文学などを通して、合理主義への反抗を試みている。

16　サルバドール・ダリ（1904-89）：スペイン、シュルレアリスム後期の代表的画家。カタルーニャのフィゲラス生まれ。マドリードのサン・フェルナンド王立アカデミーに学ぶ。その当時の友人に、ロルカやブニュエルがいる。フロイトの『夢判断』から夢の精神分析に啓示を受け、精密な写実と偏執狂的な幻覚との融合によって作品を展開する。《記憶の固執（柔らかい時計）》（1931）など。

き、意識下や夢でしか起こり得ない世界を表現したサルバドール・ダリ（一九〇四～八九）がいる。ダリは、一九二四年に形而上絵画を知り、同時にフロイトの精神分析に熱中し、その後、パリを訪れてシュールレアリスムの推進者になった。

古典技法を思わせるダリの秀逸な技法の魅力は、意識下の世界（夢の世界）に生きた血を通わせ、真実味を帯びた世界を構築したことにある。そこでは暗示や記号、描かれたすべてのものが、新しき世界の象徴となるのだ。ダリにあっては、夢の時間の中で時計は溶け、いくつかの暗示がなされる。それを読み解くのはダリ本人であると同時に見る者たちだ。そんな夢の世界に迷い込み、謎めいた物語を生きることになる。そこでは現実と夢が倒錯し、絵画でしか味わえぬ世界の旅人となるのである。

一方、ミロの作品は、記号のような、あるいは文字のようなイメージにも見えたり、小さな生き物、名もなき生物のように思える一面もあって、それが大きな魅力になっている。ミロの意識下で醸成された世界が、鮮やかな赤、青、黄、それに黒の動的な表現によって不思議な生動をし始める、とでもいったらいいだろうか。それはこの世には決してない世界ではあるが、意識下の世界では充分自然な感覚を見る

17　ジョアン・ミロ（1893-1983）：スペインの画家、版画家。カタルーニャのバルセロナ生まれ。バルセロナの美術学校を中退し、アカデミー・ガリで学んだ後パリに出る。パリでシュルレアリストの一員となる。作品に『刈り入れ人』（1937）、『星座』（1940-42）など。星、女、鳥などの象形文字的形象をとおして、詩的な絵画を制作した。

18　コラージュとは、「糊による張り付け」の意。キュビスムのパピエ・コレ（貼紙）に始まり、本来は相応関係のない映像を結び付け、美やユーモアの領域を絵画に取り入れた。

19　マックス・エルンスト（1891-1976）：ドイツ出身の作家。ピカソやジョルジョ・デ・キリコの作品に関心を抱き、表現主義的な作品を描いた。第一次世界大戦後、ケルンでジャン・アルプらとダダ運動を起こし、1920年にはコラージュ作品を制作した。1921年、パリに移りシュールレアリスム運動の中心的存在となる。

者に与えてくれる。ミロもシュールレアリスム運動に参加し、ほかとは異なる新たな地平を拓いた。それは、シュールレアリスムにおけるメルヘンとでもいったらいいだろうか。確かにミロの作品にはそのような一面があり、赤、青、緑の色彩の美しさとあいまって、ひと目見てそれが、ミロの柔軟な感覚とイメージの織りなす芳醇な美の世界であることがわかる。

ピカソ、ダリ、ミロの三人に共通しているのは、三人がともに若き日に自国スペインではなく、フランスのパリに出て仕事をしたことにある。当時、世界の文化の中心はパリだった。それゆえパリを目指したが、三人にとっての通過点に過ぎず、パリで詩人のアンドレ・ブルトンに出逢い、シュールレアリスムの洗礼を受けたことも大きな契機となったに違いない。

アンドレ・ブルトン[20]（一八九六〜一九六六）は、「シュールレアリスム宣言」の起草によってシュールレアリスムを創始し、その中心的存在として君臨し続け、多くの詩人や画家に影響を与えた。例えば、ダリはインスピレーションと方法論を意識化して夢の世界を描いたが、それはミロとも異なる。虚構の中に、現実以上のリアリティをもつ世界だった。過去の芸術的遺産に敬意を表しつつ、その多くを捨て

20　アンドレ・ブルトン（1896-1966）：フランスの詩人。オルヌ県タンシュブレー生まれ。シュールレアリスムの主唱者、指導的批評家。精神病理学を学んだ。1919 年、オートマティスム（自動記述）により詩の創作を始め、「ダダ運動」にも参加した。

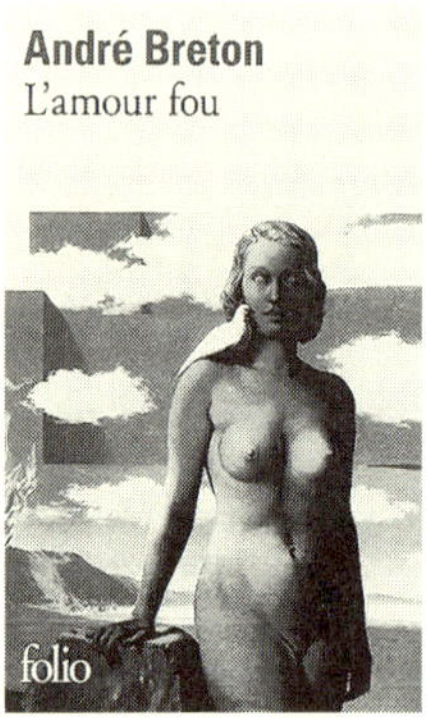

図 12　アンドレブルトンの作品集
（*L'amour fou*『狂気の愛』1937）

去ることで、ダリの可能性は限りなく飛翔していったのである。彼らの仕事が後世の若きアーティストに与えた影響は大きい。

スペインの抽象画家タピエス

アントニ・タピエス[21]（一九二三〜二〇一二）は、二〇世紀現代美術の巨匠の一人である。少年期に独学で絵を描き始め、初期にはパウル・クレーやミロの影響を受け、シュールレアリスムの画家として出発したが、その後、抽象表現主義[22]に進み、粘土と大理石粉を絵具に混ぜ、紙、糸、絨毯などを使用し、いわゆるミクストメディア[23]での制作を始めた。

後にこれら一連の仕事が、大きな評価へとつながった。タピエスは、スペイン内戦（一九三六〜三九）、それに続くフランコの圧政（一九三九〜七五）などの重層化した体験が、ある意味作品との深い因果関係をもっているといわれている。それゆえ作品は、そうでしかあり得ないものの総体であり、喪《うしな》われたものを再現するために、あえて再現としての絵画ではなく、「物質としての絵画」を必要としたのである。それはまた「人間の生の本質を抉り出そうとするアンフォルメル」の概念そのものでもあった。一九五〇年末までに、すでにタピエスの国際的評価は定まり、それによって彼は、二〇世紀をスペイン絵画史上の

21　アントニ・タピエス（1923-2012）：スペインの画家。バルセロナ生まれ。少年期にスペイン市民戦争を体験。土や奇妙な素材の混合物によるコラージュを制作。1948年にシュールレアリスムの作家や詩人のグループ「ダウ・アル・セット（サイコロの七つの目）」に参加。1950年に最初の個展をはじめ、52年にヴェネツィア・ビエンナーレなどの国際展へ出品。アンフォルメルの旗手として注目された。

22　抽象表現主義とは一般には、第二次世界大戦後の1950年代のアメリカの抽象絵画。ポロック、デ・クーニング、ニューマン、ロスコ、ステイルらの作品をさす。

23　ミクストメディアとは、もともとは20世紀初頭のダダやパピエ・コレに端を発し、既成の日用品によって構成された作品や素材を表記する際の用語。今日では、複数の異なる素材や異なる技法を使う場合をいうことが多い。

第二の「黄金時代」を築いたといわれている。

マドリード・リアリズムの中心人物アントニオ・ロペスの世界

どの時代、どの国にも写実細密画を描く画家は多い。だが、ひとたび優れた写実画となると、決して多くはない。古くはフェルメール[24]（一六三二〜七五）、現代ではアンドリュー・ワイエス[25]（一九一七〜二〇〇九）を始めとする写実画には、真に魂が宿るほどの臨場感があり、実物以上ともいえる存在感がある。ここまで深く対象と向き合い、描くことができたのは、彼らがともに自らの身近な存在、常に慣れ親しんでいるものや自然を、膨大な時間をかけて描いたからにほかならない。

そういう意味で、スペイン、マドリード・リアリズムの中心的存在であるアントニオ・ロペス[26]（一九三六〜二〇〇九）の仕事は卓越した技量と独自の描写法によって、ほかのリアリスム画家と一線を画している。一時期、日本においてもロペス自身が出演する伝記映画「マルメロの陽光」（一九九二）が話題になったが、マルメロを描く間に季節は秋から冬へと移り変わり、やがて熟し腐ってしまう。その一日一日のわずかな変化を描き込むことで、おそらくロペスはマルメロの

24　フェルメール（1632-75）：レンブラントと並び、17 世紀のオランダ美術を代表する画家とされる。緻密で静謐感のある画面は、巧みな空間構成と光の演出によって独自の世界をかたちづくった。
25　アンドリュー・ワイエス（1917-2009）：アメリカン・リアリズムの代表的画家。代表作に《クリスティーナの世界》《ヘルガ》のシリーズがある。
26　アントニオ・ロペス（1936-2009）：マドリード・リアリズムの中心人物。日常的な光景を迫真的な描写で的確に描き出す一方、膨大な時間（時には 20 年以上）をかけて一作を描くこともあった。

刻々と変化する様子を通して、自然界の摂理を読み取り、その息使いをも画布に描こうとしていたのではないだろうか。そのようにして描かれたロペスの作品は、どの一枚をとっても見るものの心に離れがたい印象を残すのである。

ロペスによってもたらされたマドリード・リアリズム[27]は、一九九〇年代以降の日本の若い画家に大きな衝撃をもたらした。礒《いそ》江《え》毅《つよし》、原崇《はらたか》浩《ひろ》、諏《す》訪《わ》敦《あつし》らはロペスの仕事に魅せられ、その謦咳《けいがい》に接し、大きな影響を受けた作家たちである。各自の執拗なまでの描写の力を越えて、鬼神が宿るほど成功した作品では、新たな写実画の可能性を表しているといってよい。

ロペスは、晩年まで自らの生活するマドリードをテーマに《グラン・ビア》（一九七四〜八一）を描いたが、毎朝、中央分離帯の端にイーゼルを立てて二、三〇分だけ描き、それを約七年間続けた。この強靭な精神がロペスならではの独自の世界を築きあげたのである。同時期に描かれた《トーレス・ブランカスからのマドリード》（一九七四〜一九八二）では、夕暮れに染め変わる直前の都市の光景を見事に捉えていて、画面から生まれ来る深い静寂に驚かされる。

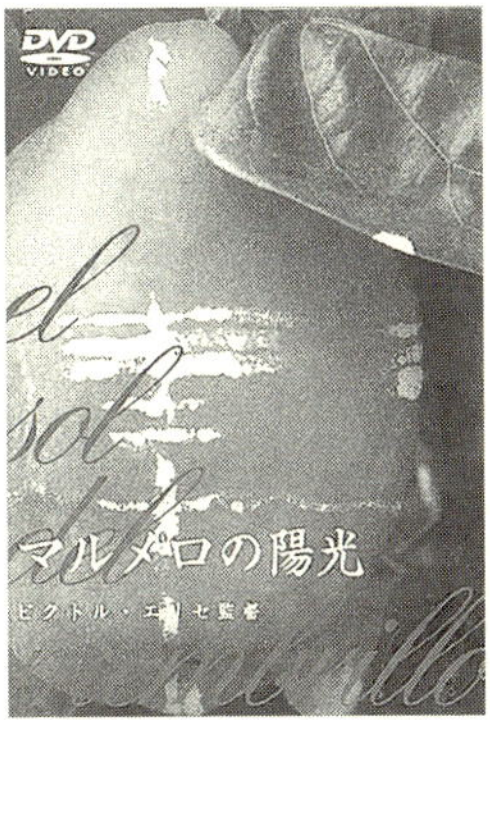

図13　映画「マルメロの陽光」DVD
ビクトル・エリセ監督による1992年のスペインのドキュメンタリー映画。第45回カンヌ国際映画祭にて審査員賞を受賞した。

27　1950年代後半あたりから活動を開始した現代スペインの写実画家アントニオ・ロペス・ガルシアとその周辺に集う画家たちは、その徹底した観察力で対象に迫り、マドリード・リアリズムと称された。日本人画家礒《いそ》江《え》毅《つよし》（1954-2007）も俊英画家の一人として高い評価を得た。

3 スペインの建築

Arquitectura

伊藤喜彦

スペイン建築の多様性

日本人がスペインに対して抱く典型的イメージとして、サッカーやフラメンコと並んでサグラダ・ファミリアがあがるように、建築は、ある国や都市に対する我々のイメージを決定付ける重要な文化的象徴である。一方、「スペイン（バルセロナ）といえばサグラダ・ファミリア」という連想によって、本来複雑で多様な建築の歴史が単純化されてしまうのもまた事実である。本章では、スペイン建築を六つの切り口によって分類し、有名無名の事例から、その多彩な特色と魅力について考えてみたい。

神と人とをつなぐ建築

スペイン建築の傑作の多くは宗教建築である。富と情熱が結集し、しばしば何百年という長い年月をかけて建設された伽藍《がらん》は、そのような宗教熱が過去のものとなった現在でも、我々を圧倒する。スペイン

1　ロマネスク様式とは、11〜12 世紀の西欧建築様式。地方色豊かで国によって特徴が異なるが、円筒形石造天井（ヴォールト）、物語性の強い建築彫刻、立体的に分節された内部空間などの特徴があげられる。

2　ゴシック様式とは、12 世紀後半に北フランスで発達した建築様式。尖頭アーチ、建築要素の線条化と垂直性の強調などの特徴を備える。スペインには 13 世紀初頭に到来し、16 世紀頃まで各地で変容しながら存続した。

3　バロック様式とは、17 世紀ローマで確立した建築様式。楕円、放射状形状、陰影の効果などによって、ルネサンス建築の静的な造形を動的・劇的なものに変容させた。スペインと中南米においては過剰なまでに豊かな装飾が発達した。

4　後ウマイヤ朝とは、アッバース朝に滅ぼされたウマイヤ朝の生き残りアブダッラフマーン 1 世が亡命先のイベリア半島で開いた王朝。

に数多ある宗教建築の大半は、ロマネスク[1]、ゴシック[2]、バロック[3]など近隣諸国から伝播した様式の影響を受けているが、中世におけるイスラムとキリスト教の並存というスペイン独特の歴史的状況や、他国とは異なる芸術的感性、そして偶然とが相まって、いくつもの名建築が生まれた。

スペインの宗教建築のうち、人類史上に残る唯一無二の傑作としてまず名前があがるのが、コルドバの大モスクであろう。八世紀末、後ウマイヤ朝[4]（七五六〜一〇三一）の始祖アブダッラフマーン一世の治世末期に建設が始まり、九〜一〇世紀にその後継者たちによって大きく三度の増築がなされた。一三世紀以降キリスト教徒の支配下に入り、さらなる改修を受けたが、当初のモスクの原形を保ったまま現在に至る、貴重な遺構である。平面構成は、近東や北アフリカの初期イスラム建築にみられる多柱型モスクの先例に倣ったものであるが、雑多な再利用材[5]の円柱の上部に、レンガと石で造られた紅白の二重アーチが連なる。この創建モスクの、単純ながら賢明なデザインは、八世紀イベリア半島という、地中海世界の周縁部における諸条件が生み出した奇跡といえる。

キリスト教徒が一六世紀から建設した、中央部の巨大な「交差部」

5　美術史ではスポリアと呼ばれる。地中海世界における既存の建材の転用は古代末期から一般化し、中世まで多くの教会堂やモスクが、豊富にあるローマ時代の円柱などをリサイクルしてつくられた。

図1　コルドバの大モスク
林立した円柱の上部に紅白縞模様のアーチが延々と連なる。

のために、現在ではやや印象が異なるが、かつては円柱が果てしなく続く円柱森のような空間であった。この単調な森の奥深くに隠された輝く財宝のように、訪れる者をあっと驚かすのが、アル・ハカム二世の増築部である。アル・ハカム二世（在位九六一～七六）は、モスクの最奥部にあるミフラーブ周辺を、複雑に交錯するアーチや、高窓からの陽光にきらめくモザイクで覆われたドームで構成し、それまでの茫洋たる内部空間に濃密な核をつくり上げた。

イスラム治下でモスクが建てられていた頃、半島の北側はロマネスク、続いてゴシックの時代であった。カタルーニャは一〇世紀末から一一世紀前半にかけて建設された初期ロマネスク建築の宝庫で、規模は大きくないものの完成度が非常に高い教会堂が多く残る。中でも柱・壁から天井まで徹底して単一素材の割石積《わりいしづみ》でつくられたカルドーナのサン・ビセンス教会堂は、素朴ながら合理的なカタルーニャ初期ロマネスクのお手本のような建築である。

半島北西部には盛期ロマネスクの佳作が多く残るが、中でもサント・ドミンゴ・デ・シロス修道院やサンティアゴ・デ・コンポステーラ大聖堂は素晴らしい。前者は、見事な柱頭彫刻が並ぶ美しい回廊で知られるが、その場所として選ばれたアルランサ渓谷の景観も見逃せ

図2　コルドバの大モスク（内部）
ミフラーブの入口（右）とミフラーブ前のドーム（左）。ミフラーブとは、モスクの奥側の壁（キブラ）中央部に設けられたくぼみのこと。原則的にメッカの方向を示すが、コルドバのものは方向が異なる。

ない。聖ヤコブ巡礼の終着点である後者は、それ自体が盛期ロマネスクの最高傑作の一つだが、苔生《む》す花崗岩で形成された街そのものの魅力も忘れてはならない。ロマネスクの聖堂を訪れる時は、その場所の美しさも愛でるようにしたいものである。

一三世紀に入ると、ゴシック様式がスペインに到来し、各地で壮麗な大聖堂が建設された。スペイン・ゴシックの口火を切ったカスティーリャ王国のブルゴス、レオン、トレドなどの大聖堂が全体構成から細部に至るまで北フランスから強い影響を受けたのに対し、導入が少し遅れた地中海沿岸地方では、マッシブな外観と、装飾を抑えた単純な内観構成を特徴とする「地中海式ゴシック」が発達した。とりわけバルセロナのサンタ・マリア・ダル・マル教会堂の内部空間は、石造建築の寡黙で力強い美しさを感じさせてくれる。

カトリック教会が再生と強化を図ったバロックの時代、スペインの教会堂の大半が増改築あるいは新築された。サンティアゴ・デ・コンポステーラやムルシアなどでは、大聖堂のファサードが絢爛豪華に飾り立てられた。派手なのに陰鬱な聖像を担いで街を練り歩くセマナ・サンタのスタイルが確立したのもこの時代である。バロックの名建築には珠玉の小品が少なくないが、スペイン・バロックの枠も、トレド

図3 バルセロナ、カルドーナのサン・ビセンス教会堂（1010-33）
小高い丘の上にそびえ立つ要塞と一体となった聖堂。現在はパラドール（国営ホテル）に。

図4 サント・ドミンゴ・デ・シロス修道院の回廊（11-12世紀）
一つひとつ異なった精緻な柱頭が並ぶ静寂の空間。

図5 サンティアゴ・デ・コンポステーラ大聖堂（1075-1211）

大聖堂内陣周歩廊の改築である「トランスパレンテ」やグラナダのカルトゥジオ会修道院聖具室といった小さな作品に結晶している。

宗教が真に芸術活動の源泉となった時代は、バロックで終焉を迎えた。近代における例外的な宗教建築の傑作については後述する。

権力の発露

何百年と建設が続くこともある宗教建築と比べると、権力者が自分のために使える時間は限られている。必定、権力者の館はその権力の強度と持続性を反映し、可愛らしいパビリオンから巨大な複合体まで多様である。

古代ローマ遺跡が多く残るメリダやタラゴーナを訪れると、古代ローマ人がいかに建築を用いて為政者の存在を誇示していたかを痛感するが、これはスペインに限った話ではない。むしろスペイン最初期の権力者のモニュメントとしては、オビエド郊外の丘陵地に残されたサンタ・マリア・デ・ナランコをあげたい。これは九世紀アストゥリアス王国の王ラミーロ一世の離宮の一部で、一種の見晴台であったと考えられる。当時の西欧に類例のない、小さな王国の小さな逸品である。

イスラム治下では一〇世紀に宮廷都市マディーナ・アッザフラー[6]が

図 6　バルセロナのサンタ・マリア・ダル・マル教会堂（1329-83）装飾を抑えた力強い構成が特徴。

図 7　トレド大聖堂のトランスパレンテ（1732）採光のために穿たれた天窓も作品の一部。

図 8　グラナダのカルトゥジオ会修道院聖具室（18 世紀）

建設され、キリスト教徒たちはその豪華さにただただ圧倒された。こうしたイスラムの宮廷文化がその頂点に達するのが、グラナダのアルハンブラ宮殿においてである。「赤い城」を意味するアルハンブラはグラナダ市街を見下ろす岩壁の上に造られた要塞であるが、ナスル朝[7]下の一四世紀に建造された部分は、世界で最も美しい宮殿の一つとして知られる。ナスル宮の平面は大きく二つの中庭、すなわち中央に長方形の水盤を設けた「コマレスのパティオ」と、その奥にあってより親密な雰囲気をもつ「ライオンのパティオ」によって構成されている。室内―室外や主室―通路の巧みな接続、水利技術を駆使した水盤や水路の効果、精緻を極めたスタッコ（化粧漆喰）やタイル装飾など、細やかな操作と微妙なバランスの上に成立していたアルハンブラ宮殿は、キリスト教徒に朝貢して何とか生き延びていた弱小王国ナスル朝の非現実の楽園であった。

アルハンブラ宮殿に接した二人のキリスト教王の反応は興味深い。一人はナスル宮成立と同時代のカスティーリャ王ペドロ一世[8]であり、セビリャにアルハンブラ風のアルカサル（王城）を造らせている。もう一人の王は神聖ローマ皇帝カール五世[9]であり、ナスル宮のすぐ傍らにまったく異質な純ルネサンス様式による「カール五世宮」を建設さ

6　マディーナ・アッザフラー（931-81）は、後ウマイヤ朝カリフのアブダッラフマーン3世がコルドバ西部に建設した都市。略奪に遭い廃墟となったが、10世紀のイスラム都市の様相を今に伝える遺跡。

7　ナスル朝（1238-1492）は、グラナダを首都とするスペイン最後のアラブ・イスラム王朝。

8　ペドロ1世（在位1350-69）：カスティーリャの王権強化を目論んだが、異母兄弟のエンリケ（後のトラスタマラ朝エンリケ2世）と戦って敗れた。「残酷王」また「正義王」の異名をもつ。

図9　オビエドのサンタ・マリア・デ・ナランコ（842-50）
9世紀に建てられた建築は世界遺産となっている。

せた。大きな円形の中庭をもつカール五世宮はイスラム建築史にとっては不幸な押しつけであったが、ルネサンス建築史上においては、イタリアにも類のない完全無欠の作品として知られる。

カール五世の息子でスペイン史上最も強大な権力を享受したフェリペ二世[10]は、マドリード郊外に王宮と修道院を兼ね備えた巨大な複合体を建設させてそこに住んだ。エル・エスコリアル王立修道院である。装飾性を排除した厳しい印象の建築は、対抗宗教改革という時代の空気や、国王の生真面目な性格を反映しているようだ。世界帝国スペインの黄金時代を想起させ、建築家の名前から「エレーラ様式」と呼ばれるエル・エスコリアルの建築様式は、二〇世紀の独裁者フランシスコ・フランコによって復興され、空軍省本庁舎などに用いられた。

生存と生活の形象

さて、神や権力者のために多大な労力と財を投じた寺院や宮殿だけが建築ではない。日々の暮らしが育んだ民家や街並み、戦乱を生き抜くための城郭や市壁、市民生活に欠かせない広場には、堅実で合理的な美が宿る。

スペインの民家と街並みは、各地の地質や気候によって大きく異

9　カール5世（カルロス1世）：スペイン国王（在位 1516-56）であり、神聖ローマ皇帝（在位 1520-58）でもあった。

10　フェリペ2世（在位 1556-98）：父カール5世からスペイン王国を継承。その治世にスペインは世界帝国となった。

図10　アルハンブラ宮殿コマレス（アラヤネス）のパティオ（14世紀）

なってくる。最も有名なのは、アンダルシアに点在する「白い街」であろう。石灰で塗り込めた真っ白い住宅が密集する旧市街は、ときに急峻な地形や迷宮的な街路と相まって、地中海らしい集落を形成する。細く入り組んだ小道に花咲くパティオが垣間見えるコルドバやアルコス・デ・ラ・フロンテーラは、北アフリカのイスラム都市ともイタリアやギリシアの白い街とも異なる独特の魅力を放つ。

カタルーニャ沿岸のコスタ・ブラーバやバレアレス諸島にも、ピクチャレスクで地中海らしい民家や街並みがみられる。ダリやピカソが愛したカダケスは有名だが、イビサ島やメノルカ島の集落や農家も美しい。

こうした地中海沿岸とは大きく様相が異なるのが、内陸部と大西洋にほど近い北西部である。内陸部では平坦なメセタの大地に点在する風車や鳩小屋なども面白いが、トレド、クエンカ、アルバラシン、アラルコンなど、川に守られた要害の景観がとりわけ素晴らしい。一方、多雨による緑豊かな景観をみせるバスクからガリシアまでの大西洋岸では、苔生した暗色の花崗岩の壁、軒の出の大きな屋根、「コレドール」と呼ばれる木製のバルコニーなど、同じスペインでも民家の造形は大きく異なっている。

図11　カール5世宮(1526以降)
トスカナ式とイオニア式の2層の柱列が直径100フィートの円形中庭をつくり出す。

図12　エル・エスコリアル修道院（1563-84）
イタリア・ルネサンスの影響を受けながらも細部を抑制した独特の様式。

図13　アルコス・デ・ラ・フロンテーラ(カディス)
グアダレーテ川沿いの崖上に白い家々が連なる。

中世後期から近世にかけ、それまで単なる防衛や生存のための存在でしかなかった集落に、公共の屋外空間である広場が整えられていく。スペインでは、都市の主たる広場「プラサ・マヨール」がその典型で、マドリードやバリャドリードなど王国の首都を皮切りに、柱廊に囲われた矩形《くけい》のルネサンス・バロック様式の広場が広まった。一方で、そうした王侯貴族文化の系譜とは異なった、より土着的な広場も存在する。マドリード郊外チンチョンのプラサ・マヨールがその好例で、不整形な平面をもつ広場をぐるりと囲む、積層する木造バルコニーの大らかなデザインが心地良い。

一九世紀末から二〇世紀にかけては、一方では新興ブルジョワのための邸宅が発達し、他方では労働者のための社会住宅が大量に建設されていった。伝統的な民家や街並みも急速に失われていったが、フランコ時代に興味深いかたちで伝統集落の再評価がなされたことは、あまり知られていない。一九五〇年代に地方の小作農らのために建設されたニュータウン「エスキベール開拓村」がそれで、伝統的農村形態に近代建築デザインを融合した名作が多い。ブルジョワのための邸宅の分野でも、カタルーニャの伝統や風土を再解釈した名手コデルク[11]によるウガルデ邸などの傑作が生まれている。

図 14　イビサ島の民家
ラベンダー畑の中に佇む白い家が地中海の陽光に映える。

図 15　トレドの風景
タホ川に抱かれた古都。一歩足を踏み入れれば迷宮のよう。

図 16　チンチョンのプラサ・マヨール
広場は市場として、祝祭の主会場として、日々の集いの場として機能する。

独裁政権下にあったスペインも一九六〇年代に急激な経済発展を遂げ、スプロールする大都市において牧歌的な居住形態は終焉を迎える。そんな中、現代都市住居を象徴するユニークな集合住宅として耳目を集めたのが、オイサ[12]の「トレス・ブランカス」やボフィル[13]の「ウォールデン7」である。これらの作品によって、内戦によって世界と隔絶していたスペイン建築が、再び国際的な注目を浴びるようになった。

新たな機能、新たな象徴

バレンシアなどアラゴン王国の主要都市に設けられた商品取引所を例外として、商業建築・劇場・ミュージアム・工場といったそれまでなかった新しい建築類型が次々と生み出されるのは、一九世紀以降である。同世紀後半にはカタルーニャに産業革命の波が到来し、バルセロナを中心に新しい装いの建築が続々と姿を現す。モデルニスモ[14]と呼ばれるこの時代の立役者は、天才ガウディを筆頭にドゥメナク[15]、プッチ[16]、ジュジョール[17]といった建築家たち、そして彼らを支えた多くの無名の職人たちであった。ガウディの作品を除けば、豊かな装飾性が新しい構造や機能と融合したドゥメナクの集大成カタルーニャ音楽堂、カタロニア・ヴォールト[18]を巧みに用いて驚くべき機能美を実現し

11 ホセ・アントニオ・コデルク（1913-84）。
12 F・J・サエンス・デ・オイサ（1918-2000）。
13 R・ボフィル（1939-）。

図18 トレス・ブランカス（1961-69）
大都市のシンボルとしての集合住宅。

図17 セビリャの「エスキベール開拓村」（アレハンドロ・デ・ラ・ソタ設計、1952年着工）

たタラッサのＡＡＪ社工場などが代表作といえるが、ほかにも傑作には枚挙に暇がない。

その後の二〇世紀前半においては、橋梁から競馬場までを大胆かつ優雅にデザインしたコンクリート・シェル構造の第一人者トロハ[19]の名を忘れることはできない。一九七〇年代からはマドリード、バルセロナ、ハーヴァードで教鞭を執ったモネオ[20]がスペイン建築の体現者となった。モネオの作品は銀行から空港まで多岐に渡るが、とりわけメリダの国立ローマ博物館は、歴史性・地域性・近代性を、抑制された作風でまとめ上げた代表作である。

一九七八年の民主化に伴い、新たな社会体制に呼応して建築界も新たな局面を迎える。特に、一九九二年のバルセロナ・オリンピックに伴う一連のプロジェクトが重要である。オリンピック計画には、サン・ジョルディ・スタジアムを設計した磯崎新《いそざきあらた》など、外国人建築家も参加した。このような外国人スター建築家作品の中で最も成功しているのは、ビルバオのグッゲンハイム美術館であろう。同美術館によって工業都市ビルバオが観光都市として復活を遂げたからである。その後、二匹目の泥鰌《どじょう》を狙う自治体が続出したが、二〇〇八年の世界金融危機などによりスペインの不動産バブルは完全に崩壊し、各地の自治体が

図19　カタルーニャ音楽堂（1905-08）

14　モデルニスモ建築とは、1890-1900年代のバルセロナを中心とした美術・建築の運動。
15　L.ドゥメナク・イ・ムンタネー（1849-1923）。
16　J.プッチ・イ・カダファルク（1867-1956）。
17　J.M.ジュジョール（1879-1949）。
18　平レンガを小口で接いだものを重ねたヴォールト。
19　エドゥアルド・トロハ（1899-1961）。
20　ラファエル・モネオ（1937-）。

多額の借金にあえぐ不幸な結果を招いている。

　バブル景気の多幸感から一転、終わりの見えない建築不況へと突入した二〇一〇年代のスペインにおいては、若手建築家の活躍の場も、巨大建築ではなく既存建造物のリノベーションやソーシャルデザイン的なものに移行している。こうした困難な時代に飛躍しつつあるのが、A・ガルシア・アブリール、セルガスカノ、A・ハケ、ボスク・カプダフェールらである。

周縁性と混淆

　古代から現代に至るまでスペインは地中海世界、ヨーロッパ、アラブ・イスラム世界の中心から離れた周縁部にあった。ムデハル[21]、イサベリーノやプラテレスコ[22]、チュリゲレスコ[23]といったスペイン独特の建築様式の多くは、こうした周縁部に生じるタイムラグや異文化の接触によって生み出されている。

　中世では、レオン県のサンティアゴ・デ・ペニャルバ教会堂、ソリアのサン・ファン・デ・ドゥエロ修道院回廊、ジローナの「アラブ浴場」、サラゴサのラ・セオ教会堂といったキリスト教建築に、それぞれ異なったかたちで現れるイスラム建築への関心が印象的である。ト

図20　AAJ社工場（ムンクニイ設計、1907）©Arxiu mN-ACTEC

図21　マドリードのサルスエラ競馬場（トロハ設計、1935-36）

図22　国立ローマ博物館（モネオ設計、1980-85）

図23　ビルバオ・グッゲンハイム美術館（ゲーリー設計、1992-97）

レドは街そのものが「ムデハル都市」というべきもので、ゴシック様式の大聖堂とほぼ同時期に、イスラム建築の特徴を備えた多数の教会堂や邸宅が建てられている。

ゴシックからルネサンスへの移行期には、新旧の様式が渾然一体となった建築が現れる。バリャドリード、サラマンカ、アルカラ・デ・エナレスなどカスティーリャ王国の多くの都市で興味深い事例がみられるが、中でも折衷様式をその最も純粋な（？）かたちで観察できるのが、グラナダ大聖堂においてである。

スペイン後期バロックの代名詞チュリゲレスコや一九〜二〇世紀をまたぐモデルニスモ建築にも同様の周縁性や折衷性がみられるが、二〇世紀半ばのモダニズム[24]時代にも、歴史主義や土着性を残す作品が散見され、それらにこそ名作が多い。バスク人の建築家と芸術家の協働から生まれた異形の近代建築「アランサスの聖堂」はその典型である。

異端児

最後に取り上げるのは、時代や様式を超え、周縁性すら超えた唯一無二の異端児たちである。

ガリシア地方内陸部の田舎町セラノーバ。町の中心を占めるバロッ

21　ムデハルとは、13-16世紀頃のイスラム建築の意匠を用いたキリスト教建築様式をいう。

22　プラテレスコは「銀細工風」、イサベリーノはイサベル女王統治期（1474-1504）を意味し、ともにスペインにおけるゴシックからルネサンスへの移行期の建築様式をさす。

23　チュリゲレスコ（チュリゲラ風）とは、装飾過多なスペイン後期バロック様式のこと。

24　歴史性や装飾を否定し、合理性と機能性を賛美する近代建築運動（モダニズム）は、1920-30年代に確立し、第二次世界大戦後、世界中に広まった。

図24　サンティアゴ・デ・ペニャルバ教会堂（10世紀）

ク様式の巨大な旧修道院の脇に小さな石造建築が建っている。十世紀半ばにつくられたサン・ミゲル礼拝堂である。この礼拝堂の最大の特色は、内部のイスラム風意匠以上に、その小ささにある。単に外形が小さいだけでなく、過剰なまでに大きな花崗岩を積んだ分厚い壁体の内部が極小なのである。壮大さばかりが目立つ西洋建築において、単に小さいだけでなく、むしろ小ささを強調する演出がなされたセラノーバの礼拝堂は、千利休の草庵茶室にも通じる斬新な建築といえる。

特定の要因の影響を強く受けて誕生した特異な建築にサン・ファン・デ・ラ・ペニャ修道院やバイベー城がある。前者はアラゴン王家の最初期の王墓が置かれたロマネスク建築であるが、「大岩の聖ヨハネ」の名に違わず巨岩の下部にめり込むように重厚な切石の壁体が建設されている。一方、マヨルカ島に一四世紀に建設された後者は、中世の実用的な軍事建築には珍しい円形の中庭をもつゴシック建築である。前者では岩の存在、後者では幾何学的構想がほかに優先され、独創的な結果を生んでいる。

しかし何といってもスペイン、いや世界に冠たる建築的独創の代名詞はアントニ・ガウディであろう。ガウディ以外のモデルニスモ建築の大半が、中世主義、折衷主義からアール・ヌーヴォーにかけての建築

図25　グラナダ大聖堂（16-17世紀）

図26　アランサスの聖堂（1949-55）
アランサスは、バスク地方内陸部の聖地。建築家オイサとバスク人アーティストのチジータやオテイサとの協働により生まれた。

思潮の流れに適合するのに対し、ガウディのとりわけ後期作品は、もはや「ガウディ建築」としか呼びようのない強烈な個性を獲得する。幻想的なデザインが隅から隅まで徹底されたカザ・バッヨー（バトリョ）が既存建築の改修であったとはにわかに信じ難いし、「石切場」カザ・ミラは、その表現主義的な造形のみならず、構造や機能上の革新性によってもモデルニスモの様式的文脈を超越する。あまりにも有名なサグラダ・ファミリア聖堂がガウディの見果てぬ夢であったとすれば、もう一つの未完の作品クロニア・グエイ（コロニア・グエル）の地下聖堂にはもっとリアルな実験を見ることができる。ただし、孤立した天才として神話化されたガウディが多くの才能に囲まれていたことを忘れてはならない。例えばジュジョールはガウディの単なる追従者として看過されがちであるが、ガウディのバランス感覚や安定感とはまったく異なる動的でコラージュ的な作風に、前衛芸術とも通ずる一種異様なセンスを感じさせる。

　近現代建築では、一九五〇～六〇年代にマドリッドを拠点に活躍したフィサック[25]と二〇〇〇年に夭逝したバルセロナのミラヤス[26]の名をあげたい。フィサックは建築の工業化や規格化に強い関心を示しながら、同時に特殊なレンガやコンクリートを用いた個性的な作風を確立し

図 27　サン・ミゲル・デ・セラノーバの修道院（10 世紀）

図 28　サン・ファン・デ・ラ・ペニャ修道院（10-12 世紀）©金沢百枝

25　ミゲル・フィサック（1913-2006）
26　アンリック・ミラヤス（エンリック・ミラリェス）（1955-2000）

た。特に教会堂には名作が多く、マッシブなレンガ壁の曲面が印象的な初期作品から、彫塑的な打ち放しコンクリートに工場のようなプレキャスト・コンクリート梁が架かるブルータルな後期作品へと進んだ。日本にも作品のあるミラヤスはバルセロナ建築界の鬼っ子として一九八〇〜九〇年代にかけて一躍時代の寵児となった。一見乱雑にもみえる自由で複雑な構成はジュジョールにも通じるものがある。バルセロナではサンタ・カテターナ市場改修や郊外の初期作品イグアラーダ墓地にその躍動的なタッチを見ることができる。アウトサイダー・アートの文脈上には、正規の建築教育を受けていないのに、マドリード郊外にほぼ一人で巨大な「フストの大聖堂」をつくり続けた元修道士フスト・ガリェーゴという奇人もいる。

スペイン建築の魅力

スペイン建築の名作は、ある様式や技術の先取りをするものではない。むしろ他国からの影響が遅れて受容される際に、あるいは成熟した様式や思潮が伴う退屈への反発の中で生まれてきた。影響の風下にあっても、大胆な再解釈を加えることでユニークな作品を創出してきたという点では、日本建築と共通する部分も見出せるかもしれない。

図 29　アルコベンダス「ドミニコ会神学校」(M. フィサック設計、1955-60)

図 30　バルセロナ「サンタ・カタリーナ市場」(E. ミラヤス＋B. タリャブエ〈EMBT〉設計、1997-2005)

4 *Literatura*
スペインの文学

井尻直志

「スペイン文学」とは

文学を国名別に分類することには、多くの悩ましい問題が伴う。ボーダーレス化する今日においては尚更である。作家の国籍によって分類するのか、作家の居住する国によって分類するのか、作家の生まれた国と国籍が異なる場合はどうするのか、複数の言語で創作する作家の場合はどうするのか、などなど、文学を国名で分類しようとするとさまざまな問題が生じてくる。

そのうえ、スペインは多言語国家なので、問題はより複雑である。現在、スペインのすべての自治州に共通する公用語はカスティーリャ語であるが、バスク語、カタルーニャ語、アラン語、バレンシア語、ガリシア語も特定の自治州で公用語として認められており、ほかにも複数の地方固有語が存在する。したがって、これらいずれの言語で書かれた作品も、スペインという国の文学という意味では「スペイン文学」に含まれることになる。[1]

図1 ブルゴスにあるロドリゴ・ディアス・デ・ビバルの騎馬像

1 さらに、300年以上スペインの支配下にあったイスパノアメリカの作家は、植民地時代から現在に至るまでカスティーリャ語で作品を書いてきたのであり、したがって、使用されているのがスペインの言語であるという意味では、それらの作品をスペイン文学に含めることも可能である。

このように、スペイン文学といっても定義次第でそこに含まれる作品は異なるが、ここでは、スペインで、そしてカスティーリャ語で書かれた作品に限って取りあげることにする。また時代は、スペイン文学が最も輝きを放っていた「黄金世紀」と呼ばれる一六、七世紀と「第二の黄金世紀」と呼ばれる一九世紀末以降を主に扱い、それ以外の時代については最小限の記述に留めることにする。

最古の叙事詩から黄金世紀へ

現存するカスティーリャ語最古の叙事詩[2]は、一二世紀中頃に成立したとされる作者不詳の『わがシッドの歌』である。当時のスペインは、キリスト教徒がイスラム教徒に奪われた土地を取り戻そうと戦っていた国土回復戦争（レコンキスタ）の最中で、この叙事詩はレコンキスタの英雄ロドリゴ・ディアス・デ・ビバル（通称エル・シッド[3]）の生涯を史実と伝説を織り交ぜて描いた作品である。

レコンキスタは、イスラム教徒の最後の支配地であったグラナダ王国が一四九二年にカトリック両王[4]によって滅ぼされて完了する。こうしてスペインは、カトリックの国として国家統一の基礎を築くのであるが、一五一七年にルターが提示した「九五カ条の論題」に端を発す

2　叙事詩とは、戦いにおいて困難を克服し名誉を獲得した英雄の武勲を讃えるために書かれた韻文の作品である。
3　エル・シッド（1045頃-99）：11世紀後半のカスティーリャ王国の貴族で、1094年のバレンシアの奪回など、レコンキスタで活躍した。シッドとは主人を意味するアラビア語が起源の言葉で、身分の高い人物への敬称として用いられていたが、後にロドリーゴの通称となった。
4　カトリック両王とは、ローマ教皇アレクサンドル6世が、1496年にカスティーリャ王国の女王イサベル1世とアラゴン王国の国王フェルナンド2世に授与した称号。

る宗教改革が始まると、宗教改革の精神とカトリック側の対抗宗教改革の精神とが鋭く対立することになる。そのような状況の中で、スペイン独自の神秘主義文学が登場し、サンタ・テレサ・デ・ヘスス（一五一五～八二）やサン・フアン・デ・ラ・クルス（一五四二～九一）といった作家が、神との魂の合一という自らの神秘的体験を表現することになる。

一六世紀はまた、一四九二年のコロンブスの新大陸到達に続く征服と植民の時代であり、軍人としてチリに遠征した詩人アロンソ・デ・エルシーリャ・イ・スニーガ（一五三三～九四）は、自らの従軍経験をもとに先住民アラウカーノ族のスペイン人への抵抗を描いた叙事詩『ラ・アラウカーナ』（一五六九）を著している。

一五世紀の終わりから一六世紀にかけては、スペインが生んだ最も偉大な作家ミゲル・デ・セルバンテス・サアベドラ（一五四七～一六一六）に少なからぬ影響を与えるとともに、文学史的にもきわめて重要な三つの作品が書かれている。

一つ目は、フェルナンド・デ・ロハス（一四七〇？～一五四一）の『カリストとメリベーアの悲喜劇』（一四九九）である。主人公の取り持ち婆の名にちなんで『ラ・セレスティーナ』と呼び慣らわされてい

図２　ミゲル・カブレラ《サンタ・テレサ・デ・ヘススの肖像》

図３　映画「ラ・アラウカーナ」DVD ジャケット

るこの作品は、セルバンテスが『ドン・キホーテ』の序文で「もう少し人間くささを抑えていたら完璧な書」と評しているように、写実的要素の濃い作品である。

二つ目は、ドン・キホーテが読みふけり、その主人公を自らの遍歴の旅のモデルとするに至った騎士道物語『アマディス・デ・ガウラ』（一五〇八）[5]である。騎士道物語とは、騎士が戦いで示す勇敢さや美しい貴婦人に捧げる忠誠心を描いた、現実離れした冒険と恋愛の物語で、一五世紀から一六世紀にかけてヨーロッパで流行したジャンルであるが、特にスペインでは、そこに登場する騎士たちの冒険が新大陸に渡った征服者や植民者の英雄的な行為と重ねられることで人気を博した。中でも『アマディス・デ・ガウラ』は多くの読者を獲得して、当時としては破格の部数が印刷された作品である。

三つ目は、ピカレスク小説の最初の作品とされている『ラサリーリョ・デ・トルメスの生涯』（一五五四、作者不詳）である。一六世紀から一七世紀にかけて流行したピカレスク小説とは、ピカロと呼ばれるずる賢い悪党の視点から当時の社会が抱えるさまざまな問題を写実的に描き出した作品の総称で、セルバンテスの『模範小説集』（一六一三）には、このジャンルの小説も収められている。

図4　『カリストとメリベーアの悲喜劇』挿絵

図5　『アマディス・デ・ガウラ』表紙

5　この作品は、14 世紀にはすでに存在していた物語にガルシ・ロドリゲス・デ・モンタルボが自分の書いた部分を加えて編纂したとされている。

黄金世紀を代表する作家たち

一五八〇年にポルトガルを併合し「陽の沈むことなき大帝国」となったスペインも、一五八八年に無敵艦隊がイングランドに敗北すると没落への道を辿ることになる。しかし文学の分野においては、一六世紀の終わりから一七世紀にかけてスペインは最盛期を迎える。

この時代を代表する作家として、まずあげなければならないのは、先に触れたセルバンテスである。セルバンテスは、近代小説の祖とされる『ドン・キホーテ』（一六〇五、一六一五）のほかに、ビザンチン小説[6]と呼ばれる冒険物語の傑作『ペルシーレスとシヒスムンダの苦難』（一六一七）などの作品を著している。

劇作家としては、『フエンテ・オベフーナ』や『オルメードの騎士』など生涯に二〇〇〇を超える戯曲を書いたとされるロペ・デ・ベーガ（一五六二〜一六三五）、哲学的なテーマを扱った『人生は夢』で知られるとともに数多くの聖体劇[7]を残したペドロ・カルデロン・デ・ラ・バルカ（一六〇〇〜八一）、ドン・ファンをモチーフにした『セビーリャの色事師と石の招客』で名高いティルソ・デ・モリーナ（一五八一？〜一六四八）をあげることができる。

また、「誇飾主義」あるいはその名前にちなんで「ゴンゴリスモ」

図6　ロペ・デ・ベーガ（1562-1635）

6　ビザンチン小説とは、牧人小説やモーロ小説などとともに16世紀のスペインに現れた小説のジャンル。冒険や旅が中心になって物語が展開し、最後には幸福な結末を迎える筋立てをもつ。

7　聖体劇とは、カトリックの「七つの秘蹟」の中でも特に聖体の秘蹟をテーマにした、韻文で書かれた一幕ものの劇。「信仰」や「愛」といった寓意人物を用いて、カトリックの教義を民衆にわかりやすく説き聞かせた。

と呼ばれる華麗で難解な文体が多くの詩人に影響を与えた黄金世紀最大の詩人ルイス・デ・ゴンゴラ（一五六一〜一六二七）や、警句に満ちた軽妙で辛辣な文体が特徴の奇知主義を代表する作家フランシスコ・デ・ケベード（一五八〇〜一六四五）も忘れることはできない。

一八世紀、一九世紀

一七〇〇年にルイ一四世の孫がスペイン国王に即位しスペイン・ブルボン王朝が誕生すると、文化的にもフランスの影響が強まり、黄金世紀に開花したスペイン文学の独自性は影をひそめることになる。そのような状況のもと、文学史的には新古典主義[8]からロマン主義[9]へと移行していくこの時代、スペイン文学は低迷期を迎える。

一八〇八年のフランス軍の侵入に端を発する独立戦争で幕を開け、王位継承をめぐるカルリスタ戦争が長年にわたり断続的に続いた一九世紀は、一方では工業化が進んだ時代でもあり、世紀の中頃になると中産階級の人々の生活が向上し、文学を享受できる層が広がっていった。ロマン主義から写実主義[10]を経て自然主義[11]へと至るこの時代を代表する作家としては、スペイン・ロマン主義を代表する詩人で『叙情詩集』（一八七一）で知られるグスターボ・アドルフォ・ベッケル

8　新古典主義とは、18 世紀から 19 世紀初めにかけてヨーロッパに興った芸術上の立場をいう。古代ギリシア・ローマの美的様式を規範的なものとみなし、創作の基礎として取り入れようとした。

9　ロマン主義とは、18 世紀末から 19 世紀前半にかけてヨーロッパに興った芸術や哲学上の立場をいう。18 世紀の理性偏重の合理主義を否定して、個性や自我の自由、個人の感情や想像力を尊重した。新古典主義が普遍的・一般的なものの表現を追及したのに対し、特殊で独自なものを表現した。

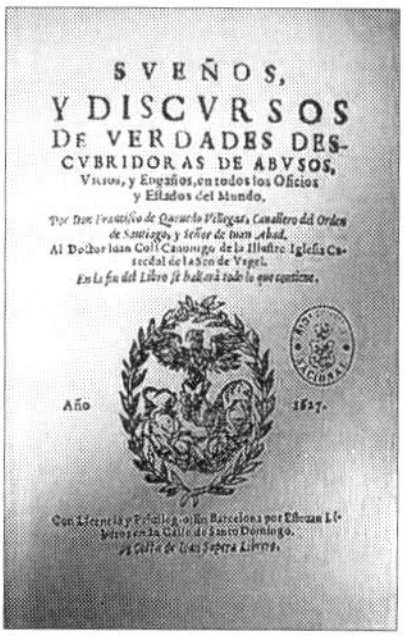

図7　ケベード『夢と思索』扉

（一八三六〜七〇）、写実主義小説『三角帽子』（一八七四）が代表作のペドロ・アントニオ・デ・アラルコン（一八三三〜九一）、『フォルトゥナタとハシンタ』（一八八六〜八七）をはじめとする写実主義小説のほかに戯曲や旅行記など数多くの作品を残したベニート・ペレス・ガルドス（一八四三〜一九二〇）、自然主義小説『ラ・レヘンタ』（一八八五）が有名なクラリン（本名レオポルド・アラス、一八五二〜一九〇一）、同じく自然主義の作家で『葦と泥』（一九〇二）や『血と砂』（一九〇八）などの作品で知られるビセンテ・ブラスコ・イバニエス（一八六七〜一九二八）、一九〇四年にスペイン人初のノーベル文学賞を受賞した劇作家ホセ・エチェガライ（一八三二〜一九一八）などがあげられる。

キューバの独立をめぐって一八九八年に起こった米西戦争に完敗すると、一六世紀末に始まったスペインの没落は決定的なものとなる。しかし、それを契機に、祖国の再興を模索する一群の知識人が登場する。「九八年の世代」と呼ばれるこれらの知識人には、作家としてだけではなく哲学者としても著名なミゲル・デ・ウナムーノ（一八九四〜一九三六）や、この世代を代表する小説『完成の道』（一九〇二）の作者ピオ・バローハ（一八七二〜一九五六）が含まれる。また、後

10　写実主義とは、ロマン主義に対立する形で19世紀中頃にヨーロッパで興った芸術上の立場をいう。現実を美化・理想化することなく、ありのままを忠実に、客観的に描き出そうとした。

11　自然主義とは、人間の行動や心理を遺伝的要素と社会環境から科学的・客観的に把握しようとする文学上の立場をいう。19世紀末のフランスでゾラを中心に確立された。

図8　グスターボ・アドルフォ・ベッケル（1836-70）

で触れることになる、詩人アントニオ・マチャード（一八七五〜一九三九）や小説家であり劇作家としても名高いラモン・マリア・デル・バリェ・インクラン（一八六六〜一九三六）も「九八年の世代」を代表する作家である。

二〇世紀の詩

一九世紀末にニカラグアの詩人ルベン・ダリーオを中心とする「モデルニスモ」[12]と呼ばれる詩の運動がイスパノアメリカに興ると、旧宗主国スペインの多くの詩人たちがその影響を受けることになる。『孤独』（一九〇三）や『カスティーリャの野』（一九一二）といった詩集で知られるアントニオ・マチャードもその一人で、とりわけ初期の作品にモデルニスモの影響が顕著である。また、散文詩『プラテーロとわたし』（一九一七）で有名なファン・ラモン・ヒメネス（一八八一〜一九五八）もダリーオの影響を受けた詩人である。純粋な詩、完璧な美を追い求め、永遠と絶対を希求したこの詩人は、五六年にノーベル文学賞を受賞している。

黄金世紀を代表する詩人ゴンゴラの没後三〇〇年にあたる一九二七年には、ゴンゴラの詩法の再評価が起こり、後に「二七年の世代」と

12　モデルニスモとは、19世紀末にイスパノアメリカで起こった詩の革新運動。1888年にルベン・ダリーオが発表した詩文集『青』はスペインの詩人に大きな影響を与えた。

図9　映画「フォルトゥナタとハシンタ」DVDジャケット

呼ばれることになる一群の詩人が登場する。その中には、『ジプシー歌集』（一九二八）で知られ劇作家としても名高いフェデリコ・ガルシア・ロルカ（一八九八〜一九三六）や七七年にノーベル文学賞を受賞したビセンテ・アレイクサンドレ（一八九八〜一九八四）といった詩人が含まれる。

一九三九年に共和国側の敗北で内戦が終わると、アントニオ・マチャード（一八七五〜一九三九）やラファエル・アルベルティ（一九〇二〜九九）をはじめとして多くの詩人がフランコ独裁体制を逃れて亡命をする。しかし、アレイクサンドレはスペインに留まり、四四年に、死や苦しみのない楽園を希求する『楽園の影』を出版している。

フランコ時代のスペインでは、あらゆる出版物が検閲にかけられ、道徳的あるいは政治的に不適切と判断された箇所は削除され、発禁の憂き目に遭う文学作品も少なくなかった。しかしそうした状況においても、五〇年代に入ると、「貧しい人たちの詩」をうたったガブリエル・セラーヤ（一九一一〜九一）や「詩人は彼の時代の作品である」と述べたホセ・イエーロ（一九二二〜二〇〇二）など、悲惨な社会状況や政治問題に関心を寄せる社会派の詩人が登場する。彼らは、詩を社会変革の手段と考え、体制を批判する詩を書いたが、厳しい検閲下にお

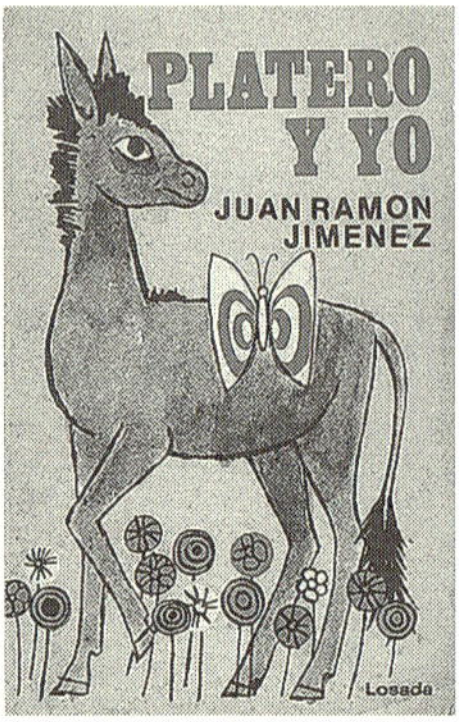

図10　ヒメネス『プラテーロとわたし』表紙

図11　ガルシア・ロルカ（1898-1936）

いてそのようなことが可能であったのは、小説や演劇とは異なり、詩の場合は直接的な表現の代わりに隠喩や象徴を多く用いることで当局の目をかわすことができたからである。

六〇年代の終わりになると独裁体制にも翳りが見え始め、作家から言論の自由を奪っていた検閲も、廃止されるのはフランコの死後とはいえ、六六年には出版法が施行され、少しずつ緩和されるようになる。そして、七〇年代に入ると、カスティリェット（一九二六〜）がアンソロジー『九人の新進気鋭の詩人』（一九七〇）を発表し、新しい時代の幕開けを宣言する。この選集に収められた詩人たちは、それまでの詩型式との決別や、映画やマスメディアなどのほかのジャンルの影響といった点で共通しており、「七〇年の世代」と呼ばれている。八〇年代以降も、シュルレアリスムの影響が強くみられるブランカ・アンドレウ（一九五九〜）など、新たな詩人が数多く登場している。

二〇世紀の演劇

二〇世紀のスペイン演劇の下地は、ペレス・ガルドスとハシント・ベナベンテ（一八六六〜一九五四）によって準備されたとされる。一九二二年にノーベル文学賞を受賞したベナベンテは、快適な生活を

図12　アレイクサンドレ『楽園の影』表紙

図13　アントニオ・マチャード（1875-1939）

守ろうとする中産階級の人々を対象にした、気晴らしのための演劇である「ブルジョア劇」の良質な部分を代表する作家であり、巧みな劇作法を用いて、貴族や上流階級を鋭く風刺した。また、アレハンドロ・カソーナ（一九〇三～六五）もブルジョア劇から出発し、後に幻想的な独自の作風を確立した作家で、内戦後は亡命先で創作を続けた。

スペイン現代演劇を代表する作家として特筆すべきは、「エスペルペント」[13]と呼ばれる一連のグロテスクな不条理劇で知られるバリェ・インクラン（一八六六～一九三六）と、アンダルシアを舞台にした三つの悲劇（『血の婚礼』『イェルマ』『ベルナルダ・アルバの家』）の作者で詩人としても有名なガルシア・ロルカである。この二人の作品は現在もなお演劇人に大きな影響を与え、多くの観客を魅了し続けている。

内戦後のフランコ時代は、劇場に足を運ぶ人たちの大半が社会的・政治的テーマを嫌う保守的な中産階級に属していたため、ベナベンテの影響を受けた娯楽性の強い作品が主として舞台に掛けられた。しかし、その一方で、アントニオ・ブエロ・バリェホ（一九一六～二〇〇〇）やアルフォンソ・サストレ（一九二六～）に代表される一群の劇作家たちが、厳しい検閲にさらされながらも社会の抱える問題や人間の実存の不安を斬新な手法で表現して、後の世代に大きな影響

13　バリェ・インクラン独自の斬新な演劇技法。醜悪なイメージを用いて人物や物事を描写することで、当時のスペイン社会の歪んだ側面を表現しようとした。『ボヘミアの光』（1920）が代表的な作品。

図15　バリェ・インクラン（1866-1936）

図14　マドリードにあるハシンド・ベナベンテ広場のプレート

を与えた。

六〇年代の終わりになると、フランスの不条理劇[14]の影響を受けた劇作家が登場し、大きな劇場ではなく「独立劇場」と呼ばれる小劇場を舞台に体制批判を展開した。また彼らはグロテスクな不条理劇の先駆者であるバリェ・インクランの再評価にも一役買うことになった。

フランコ時代が終焉すると検閲が廃止され、上演のための政府の助成金が増大して、演劇を取り巻く状況は急速に改善された。にもかかわらず、スペイン演劇は停滞の時期を迎えることになる。その理由としては、テレビや映画などほかの視覚メディアの台頭と、演劇の社会的役割の減少があげられる。上演の環境が整い、新しい劇作家が登場し、数多くの作品が舞台化される一方で、バリェ・インクランやガルシア・ロルカ、さらには黄金世紀の作家の作品が変わらぬ人気を博している。

二〇世紀の小説——フランコ時代

小説はその社会的影響力により、内戦直後の言論統制下においてとりわけ厳しい検閲にさらされることになったが、そのような状況の中でも、後にノーベル文学賞を受賞することになるカミロ・ホセ・セラ

14　50年代のフランスに現れた、人間の生死や社会の不条理を舞台上の不条理として描き出す演劇。サミュエル・ベケットやウージェーヌ・イヨネスコなどが主要な劇作家。

図16　「血の婚礼」DVDジャケット

（一九一六〜二〇〇二）の処女作で、「凄絶主義[15]」と呼ばれる作風の先駆けとなった『パスクアル・ドゥアルテの家族』（一九四二）や現代スペインを代表する女性作家の一人カルメン・ラフォレー（一九二一〜二〇〇四）の自伝的小説『何も』（一九四四）など、質の高い作品がいくつか書かれている。

　五〇年代に入ると「社会派写実主義」と呼ばれる文学思潮が登場し、内戦の記憶や傷跡をとおして、人々の日常に隠された実相を描き出そうとする作品が書かれるようになる。その中でも、内戦後の混乱したマドリードの下町にうごめく人々の人間模様を描いたセラの『蜂の巣』（一九五一）や内戦の傷跡から滲み出す社会の膿《うみ》を表現したイグナシオ・アルデコア（一九二五〜六九）の『閃光と血』（一九五四）、休日をマドリード近郊の川の岸辺で過ごす若者たちの倦怠感を硬質のリアリズムで描き出したラファエル・サンチェス・フェルロシオ（一九二七〜）の『ハラマ川』（一九五五）などは、文学性の高い優れた作品である。

　六〇年代に入ると、ラテンアメリカの「ブーム[16]」の作家たちの小説やフランスのヌーヴォー・ロマン[17]に代表される実験的な小説の影響を受けて、社会派写実主義の小説とは主題的にも技法的にもまったく異

15　物語の内容や描き方があまりにも陰惨で凄まじいために「凄絶主義（トレメンディスモ）」と呼ばれた。

図18　トレンテ・バリュステル『J・Bのサーガ／フーガ』表紙

図17　カミロ・ホセ・セラ（1916-2002）の切手

なる作品が登場する。この時期に書かれた作品としては、独創的な文体と革新的な小説技法が際立つルイス・マルティン・サントス（一九二四〜六四）の『沈黙の時』（一九六二）やドン・ファン伝説を斬新な手法で現代に甦らせたゴンサロ・トレンテ・バリェステル（一九一〇〜九九）の『ドン・ファン』（一九六三）、全編がほとんどモノローグで構成されているミゲル・デリーベス（一九二〇〜）の『マリオとの5時間』（一九六六）といった作品が特筆に値する。

六〇年代に始まった文学の新しい流れは、七〇年代に入っても衰えることはなく、実験的な手法を用いた作品が数多く書かれた。その中でも極めて高い評価を受けているのは、ファン・ゴイティソーロ（一九三一〜）の『フリアン伯爵の復権』（一九七〇）、ファン・ベネー（一九二七〜九三）の『冬の旅』（一九七二）、トレンテ・バリェステルの『J・Bのサーガ／フーガ』（一九七二）、ファン・マルセー（一九三三〜）の『私が倒れたと聞いたなら』（一九七三）といった作品である。

二〇世紀の小説――フランコ以降

フランコが亡くなり検閲が廃止されると、作家たちの旺盛な創作活

16　60年代から70年代にかけてガルシア・マルケス、コルタサル、バルガス・リョサといったラテンアメリカの小説家の作品が世界的に注目されるようになるが、「ブーム」とはこの現象をさす。

17　ヌーヴォー・ロマンとは、フランス語で「新しい小説」を意味し、50年代から60年代にかけてフランス小説の主流を占めた、一般的な小説の概念に反する小説のこと。ロブ・グリエ、ナタリー・サロート、ミシェル・ビュトールなどが代表的な作家である。

図19「私が倒れたと聞いたなら」DVDジャケット

図20「リスボンの冬」DVDジャケット

動が期待されたが、予想に反して急激な変化は訪れなかった。しかし八〇年代に入ると、マス・カルチャーの影響や市場主義的な出版業界の動向もあり、物語の面白さを重視する作家が登場するようになる。「登場人物が階段を一段上るのに二〇ページもかかるような小説」といって実験的な小説を揶揄したマヌエル・バスケス・モンタルバン（一九三九～二〇〇三）もその一人で、美食家の私立探偵ペペ・カルバイヨが活躍する『中央委員会殺人事件』（一九八一）などのミステリーで高い人気を博した。ミステリーの要素を備えた作品は八〇年代以降たくさん書かれているが、中でもアントニオ・ムニョス・モリーナ（一九五六～）の作品は評価が高く、『リスボンの冬』（一九八七）はミステリーの傑作といわれている。また、『風の影』（二〇〇一）がベストセラーとなったカルロス・ルイス・サフォン（一九六四～）もこのジャンルを代表する作家の一人である。

八〇年代以降に台頭してきたジャンルの一つに、歴史小説[18]がある。現代の歴史小説にはフィクション性が強く、ミステリーの要素を絡めた作品が多い。このジャンルの代表的な作家としては、『フランドルの呪画』（一九九〇）や一七世紀のスペインを舞台に剣の達人が活躍する「アラトリステ・シリーズ」で有名なアルトゥーロ・ペレス・レ

18　歴史小説とは、過去に舞台を設定してその時代の人間や社会を描き出そうとする小説である

19　内面小説とは、作中人物の心の奥底を描き出すことに主眼が置かれている小説の総称で、文体に詩情をたたえた作品が多い。

図21「アラトリステ」DVDジャケット

ベルテ（一九五一〜）をあげることができる。ミステリーと歴史小説の融合は、『奇蹟の都市』（一九〇八）で知られるエドゥアルド・メンドサ（一九四三〜）や先にあげたムニョス・モリーナの作品にも見られる。

このように八〇年代以降は、エンターテインメントの要素を多分に含んだ作品が数多く書かれているが、そのような傾向とは一線を画すタイプとして内面小説[19]をあげることができる。このジャンルを代表する作品としては、ビクトル・エリセ（一九四〇〜）が監督して映画化され注目を集めたアデライダ・ガルシア・モラーレス（一九四五〜二〇一四）の『エル・スール』（一九八五）や、ピレネーの廃村に独り住む老人の追憶が綴られるフリオ・リャマサーレス（一九五五〜）の『黄色い雨』（一九八八）がある。

また今日では、さまざまなジャンルの作品にメタフィクション[20]的手法が用いられており、フアン・ゴイティソーロ、カルメン・マルティン・ガイテ（一九二五〜二〇〇〇）、トレンテ・バリェステルといった現代スペイン文学を代表する作家が、それぞれ、『戦いの後の光景』（一九八二）、『晴れたり曇ったり』（一九九二）、『ペペ・アンスーレスの小説』（一九九四）といった作品で、この手法を用いている。

20　メタフィクションとは、フィクションを書くことや読むこと自体を前景化・問題化した自己言及型のフィクションのことで、70 年代以降のポストモダニズム文学に特徴的な表現形式である。

図 22　ガルシア・モラーレス『エル・スール』表紙

5 *Musica* スペインの音楽

下山静香

特有の風土に醸成されたスペイン音楽

スペインの音楽には、いわゆる「西洋音楽」とは趣を異にする独特な魅力がある。多様な風土環境と、さまざまな民族が交錯する複雑な歴史の中で育まれた、豊かな歌や踊りの世界――人間の生と直結したそのエッセンスは、音楽全般に深く入り込み、色合いと感情の機微に富んだ「スペインの風味」を醸し出している。

スペインは、いわゆる「東方」の影響を長く受けた地である。古来、ケルト、ギリシャ、ローマ、西ゴートなどさまざまな民族が移入したが、八世紀から何世紀にもわたって存在したイスラムの要素は特に、スペインの音楽に消しがたい痕跡を残した。[1] また、イベリア半島に多く居住し、ときに迫害されながらも社会で重要な役割を担ったセファルディ[2]たちの音楽遺産は、今もスペイン民謡の中に息づいている。

特徴として、旋律に表れる東方的「メリスマ[3]」と、和声進行にも関わる「ミの旋法」があげられるが、これらはほかの西欧諸国における

1　9世紀初頭、バグダードからコルドバの後ウマイヤ王朝宮廷にやって来た楽師シルヤブは、スペイン初の音楽学校を創設した。音楽理論や演奏法、歌唱を教授し、スペインの音楽界に東方の流儀を植えつけると同時に、アル・アンダルス土着の音楽スタイルも取り入れ、スペインならではのブレンドを特色とする楽派の発端となった。

2　セファルディとは、スペインに居住していたユダヤ人の呼称。複数形はセファルディム。1492年にユダヤ人追放令が出され、コンベルソ（改宗者）を除いた多くの民が国外へ脱出した。スペインとヘブライ、アラブの要素が融合した彼らの伝統音楽文化は、逃れた先で代々受け継がれ、バルカン諸国や北アフリカなどで現在も生きている。

3　メリスマとは、歌詞の一音節を引きのばして多くの音符（音高）をあてる、装飾的な旋律法のこと。

芸術音楽ではまずみられない要素である。また、スペインカトリックの宗教音楽に認められる劇的かつ情緒的な性格に、音楽に対する東方の考え方との関連を指摘する研究者もいる。

中世から黄金世紀へ

中世のスペインでは、カトリックとイスラムの間で激しい攻防が繰り広げられたが、その一方、双方の勢力下で異教徒に対する寛容がみられ、活発な異文化交流が行われて個性的な芸術が花開くこととなった。例えば、カスティーリャの王アルフォンソ一〇世が、民族・宗教を問わず優秀な楽師たちの協力を得て一三世紀に編纂した《聖母マリア頌歌集》には、イスラムやユダヤの香りをまとった歌も多く含まれている。そのほか、中世の宗教的音楽は、『カリストの写本』（聖ヤコブの書、一二世紀編纂）や『ラス・ウエルガスの写本』（一四世紀編纂）などの貴重な史料に残されている。

一五世紀末のカトリックによる国土統一、コロンブスの新大陸発見を機に、やがてスペインは「黄金世紀」とよばれる輝かしい時代に入っていく。音楽分野も豊かな実を結び、特に宗教音楽と器楽において、他国に先がけた成果を示した。宗教音楽では、モラレス[4]、ゲレーロ[5]、

図1　アルフォンソ10世

図2　カトリック教徒とイスラム教徒の協演の様子

4　クリストバル・デ・モラレス（1500頃-53）：声楽曲が中心で、ポリリズムやクロスリズムの特徴がみられる。

5　フランシスコ・ゲレーロ（1528-99）：多くのマリア讃歌で知られる。世俗音楽の分野でも活躍、機能和声的な作曲法を先取りしている点も注目される。

ビクトリア[6]が偉大な作曲家として国際的な名声を得、器楽としてはオルガンとビウエラが隆盛した。

一六世紀最大の鍵盤音楽作曲家として名を残すのが、現存する初期のオルガン作品を書いたアントニオ・デ・カベソン（一五一〇～六六）である。フーガの先駆「ティエント」や、初期の変奏曲「ディフェレンシアス」などを確立させ、他国にも影響を与えた。

一七世紀になると、スペインのオルガンには独自の特徴が現れる。[7]まず目につくのは、庇《ひさし》のように並んで突き出ているパイプ、通称「水平トランペット」である。パイプの口が聴き手の方に向いているため、身体に直接響いてくるような強烈な音を発する。さらに、手鍵盤の高音域と低音域を異なったレジスターで弾き分けることもできる「メディオ・レヒストロ（音栓分割）」という特別な設計がある。この仕組みにより、例えばメロディと伴奏を違う音色で演奏し、コントラストを出すことができる。作曲面では、躍動的なリズム、独特な節回しのほか、「ファルサス」と呼ばれる不協和音の使用が注目される。

ビウエラ[8]（ビウエラ・デ・マノ）は、ギターに似た撥弦楽器である。当時はまだ伴奏楽器で、かき鳴らし奏法が主だったギターに対し、独奏も可能な爪弾《つまび》き系のビウエラは宮廷や上流社会で好まれた。史上初

図3　オルガン（サンティアゴ・デ・コンポステラ）

6　トマス・ルイス・デ・ビクトリア（1548?-1611）：後期ルネサンス宗教音楽の巨匠。神秘的な世界が内包する激しさ、情緒に訴えかける音楽は、スペインならではの特質と評されている。代表作は《6声のレクイエム》《聖週間のレスポンソリウム集》など。

7　以下、カベソン以後のスペインオルガン楽派を代表する作曲家たち。マヌエル・ロドリゲス・コエーリョ（1555-1635）、セバスティアン・アギレラ・デ・エレディア（1561-1627）、フランシスコ・コレア・デ・アラウホ（1584-1654）、フアン・カバニーリェス（1644-1712）。

のビウエラ曲集『エル・マエストロ』を著したルイス・デ・ミランをはじめ、七人のビウエリスタたち[9]の名が残っている。

しかし、ビウエラはスペインが覇権を失うのと歩を揃えるかのように急激に衰退し、消滅してしまった。現在使われているビウエラは、当時の文献やごく数台残されている楽器をもとに製作されたもので、ギターとはまた違った味わいの典雅な音色を聴くことができる。

スペインならではのエッセンス――舞踊音楽

スペインには、多種多彩な民俗舞踊が存在する。それらに付随する音楽の要素は、作曲家たちが「スペイン風の音楽」を創作する際重要な材料となってきた。ここでは、クラシックの楽曲に関係の深い代表的な曲種を紹介する。

サパテアードは、床を打って靴音を鳴らす足さばきの技、またはその舞踏である。八分の六拍子の軽快な曲調で多くのクラシック作品に取り入れられ、カスタネットの響きとともに、「活気溢れるスペイン」の象徴的要素となっている。

「ミの旋法」を土台にしたファンダンゴ[10]は、アンダルシアを本場とし、その後各地に広がった。循環型の伴奏に乗って旋律が即興的に変奏を

8　ビウエラのボディの形状はギターに近いが、透かし彫りで装飾されたサウンドホール（ロゼッタまたはローズ）、弦の数（6コースの複弦）、通常の調弦法はリュートと共通であった。

9　以下、7人のビウエリスタたち。ルイス・デ・ミラン（1500頃-1561以降）。ルイス・デ・ナルバエス（1500頃-55頃）、アロンソ・ムダーラ（1510頃-1580）。エンリケス・デ・バルデラーバノ（1500-57）、ディエゴ・ピサドール（1509頃-57以降）、ミゲル・デ・フエンリャーナ（1500-79）、エステバン・ダサ（1537-91頃）。

10　18世紀にスペインで作曲されたファンダンゴでは、鍵盤音楽の大家アントニオ・ソレール（真作ではない説あり）や、後半生をマドリードで送ったイタリア人作曲家ルイジ・ボッケリーニのものが有名である。全土に普及したファンダンゴだが、バスクやレオンなど北部におけるファンダンゴの要素は、むしろホタと親近性があり、アンダルシアタイプのファンダンゴとは異なる。

行い、繰り返すことでボルテージが上がっていくその音楽は、民衆の生気に満ちている。一八世紀には宮廷、民衆を問わず大流行して国外でも知られ、グルックやモーツァルトが、スペインを舞台にした自作オペラにファンダンゴを挿入している。

セギディーリャスは、カスティーリャ・ラ・マンチャ発祥といわれ、一八世紀後半には「カスティーソ」[11]な踊りとして、マホ／マハ[12]と呼ばれる人々に好まれた。セギディーリャスが南へ伝わり、セビリャ辺りで定着したのがセビジャーナスである。アンダルシアの祭りなどで踊られるポピュラーなもので、地方性というべきか、きびきびしたセギディーリャスに比べて優美な雰囲気となっている。ボレロも同じ系統とされている。国外においてはセギディーリャスよりもポピュラーになり、特に一九世紀ロマン派の時代に人気を博した。

アラゴン地方が本場とされるホタは、単純明快な三拍子で明るい曲調をとる。踊りは、両手でカスタネットを鳴らしながらつま先やかかとでステップを踏み、脚を蹴ったり戻したりするほか、高く跳んで空中で両足を合わせる技も特徴である。音楽は撥弦楽器の楽団「ロンダーリャ」が演奏し、コプラの部分は歌い手の聴かせどころとなる。

スペイン的なリズムと認識されるハバネラ[13]は、その名が示す通り

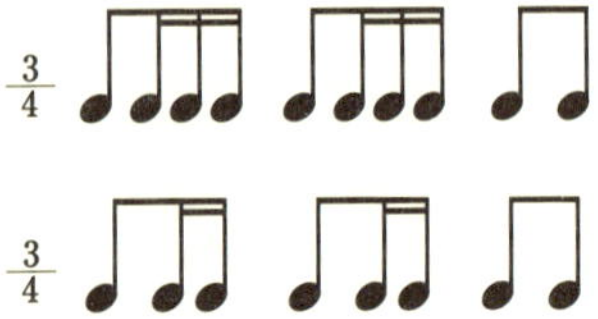

図4　セギディーリャス系のリズム譜例

11　カスティーソとは「生粋の」という意。さらに進んで「カスティーリャ」（スペイン生粋の）を意味する場合がある。

12　マホ／マハとは、18 世紀後半から 19 世紀初頭にかけ、マドリードの下町を闊歩していた伊達男、伊達女をさす。スペインの伝統衣装を粋なアレンジで着こなし、生活全般にわたり「生粋スペイン流」を標榜した。

キューバ由来である。キューバを訪問したバスク出身のスペイン人セバスティアン・イラディエルが、ハバネラのリズムを用いて発表した歌曲《ラ・パロマ》などが大人気となり、ヨーロッパに広まったといわれている。[14]

そのほか、五拍子でバスク特有のソルツィーコ、民俗楽器を含む楽団「コプラ」[15]で演奏され、つないだ手を上にあげてステップを踏むカタルーニャの輪踊りサルダーナ[16]など、舞踊と音楽は枚挙に暇がない。

スペイン風オペレッタ？——サルスエラ

サルスエラは、歌と芝居（台詞）と民俗舞踊が一体となった、スペイン独自の舞台芸術である。物語はマドリード庶民の生活と関係が深いものが多く、音楽もスペイン情緒に満ちていることが特徴である。

その誕生は一七世紀半ば、フェリペ四世の治世とされる。王侯貴族の楽しみのためにつくられた初期のサルスエラは、神話や英雄伝説などから題材をとった荘重なものが多かった。

一八世紀に入り、フランス・ブルボン家がスペインの王権を継承した結果、政治や貴族文化はフランス風に改革され、イタリアオペラがもてはやされる。すると一八世紀中頃から、その傾向に対抗するかの

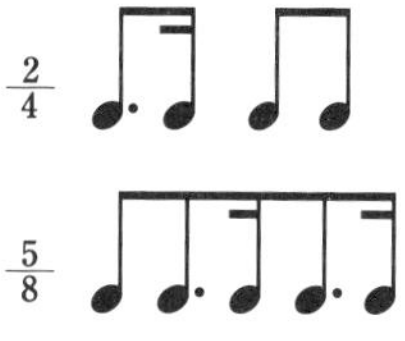

図5 （上）ハバネラ、（下）ソルツィーコのリズム譜

13 キューバのコントラダンサのうちハバナで発展したもの、アフリカのエッセンスも入ったこのリズムの伝播パワーは強く、キューバではダンソンやチャ・チャ・チャへとつながり、アルゼンチンのタンゴなどにも影響を与えた。
14 ビゼーの歌劇《カルメン》の有名なハバネラ〈恋は野の鳥〉の旋律は、本来はイラディエルが作曲した《エル・アレグリート》の旋律を、そうと知らずに借用したものである。
15 「唄」を表す「コプラ」とは同音異義語である。
16 故郷カタルーニャを愛したチェロの巨匠パウ・カザルス（1876-1973）は、作曲家でもあり、演奏会用サルダーナを何曲もつくっている。

ように、「トナディーリャ」[17]と呼ばれる大衆的な寸劇風の音楽劇ジャンルが盛んとなった。サルスエラの方も、一八世紀後半には楽しく風俗的な作風が流行をみたものの、その後、より身近なトナディーリャの人気に押され、休眠状態に入ってしまう。トナディーリャは結局五〇年ほどで衰退するが、その生き生きとした世界は、後のサルスエラのなかに確かに受け継がれることになる。

一八五〇年代に復活を果たしたサルスエラは、六〇年代に入ると本格的な盛期を迎え、「ヘネロ・チーコ」と呼ばれる一幕物が流行する。観劇の習慣が市民層に広がり、低価格で楽しめる娯楽となった結果、筋も音楽もますます庶民的になり、ユーモアと風刺に溢れた作品が人気を得た。《パンと闘牛》や《ラバピエスの理髪師》をはじめ、六〇ほどの作品を残したフランシスコ・アセンホ・バルビエリ（一八二三～九四）は「近代サルスエラの父」と呼ばれている。

サルスエラの黄金時代[18]は、一八八〇年頃からの約五〇年間である。一九世紀のうちには、チュエカ、ブレトン、チャピ、ヒメネスなど当代一流の作曲家によるヒット作が数多く生まれている。[19]

二〇世紀のサルスエラはよりドラマティックで、オペラのスタイルに接近していく。しかし娯楽の対象はテレビなどの新しいメディアに

17　以下、今日まで名を残すトナディーリャの作曲家。ルイス・デ・ミソン（1727-66）、パブロ・エステーベ（1730 頃-94）、アントニオ・ロサレス（?-1801）、ブラス・デ・ラセルナ（1751-1816）など

18　以下、サルスエラ黄金時代の代表作例。F. チュエカ（1846-1908）：《カディス》《水、カルメラ、焼酎》《ラ・グラン・ビア》、T. ブレトン（1850-1923）：《ラ・パロマの夜祭》、R. チャピ（1851-1909）：《嵐》《魔女》《ふるさと》、J. ヒメネス（1856-1923）：《ルイス・アロンソの舞踏会》《ルイス・アロンソの結婚式》。

移り、サルスエラ人気は下降線をたどることになった。その状況に屈せず、サルスエラを愛し書き続けた二人の作曲家がいる。ギター作品で知られるフェデリコ・モレーノ＝トローバ（一八九一～一九八二）は、現代に生きながらも古き良き路線を踏襲し、《ルイサ・フェルナンダ》や《ラ・チュラポナ（マドリードの下町娘）》などの傑作を残している。指揮や映画音楽も手がけたパブロ・ソロサバル（一八九七～一九八八）は、《一輪の薔薇》《港の居酒屋》をはじめ、管弦楽法に優れたサルスエラを二〇作ほど書いている。

近代スペイン音楽の目覚め

一九世紀、「スペイン音楽」はサルスエラなどの中に豊かに息づいてはいたが、スペイン語圏以外の国々に広く認知されるというわけにはいかなかったようだ。スペインの芸術音楽は、全般的にみればほかのヨーロッパ諸国に大いに遅れをとっていたのが実情である。

そんななかで、ヴァイオリンの名手パブロ・サラサーテ（一八四四～一九〇一）とフェリペ・ペドレル（一八四一～一九二二）は、スペイン近代音楽史を語る上で重要な存在である。ともに作曲家でもあったが、サラサーテは演奏家としての国際的な活躍を通して、ペドレル

19　19世紀から20世紀にかけては、中南米のスペイン語圏でもサルスエラが盛んに制作され、特にベネズエラ、キューバ、メキシコ、アルゼンチンなどで流行をみた。プラシド・ドミンゴは、両親がメキシコの劇場専属のサルスエラ歌手だったこともあり、サルスエラの上演に力を入れている。

は研究と教授によって、スペインの音楽界に大きな貢献を果たした。

一八七〇年代から、パリを中心に「スペイン音楽ブーム」が興った。背景としては、文学におけるスペイン趣味のほか、エキゾチシズムの喚起に大きな影響を与えたパリ万博、そしてサラサーテの活躍があげられるだろう。彼の華麗な演奏によって、音楽面でもスペインへの興味が触発され、サン＝サーンスの《序奏とロンド・カプリチオーソ》（一八六三）やラロの《スペイン交響曲》（一八七四）が生まれる。そのような国外の出来事と連動するかのように、「スペインならではの音楽」を確立しようという動きが活発化する。

ペドレルは、スペインに伝わる伝統的な音楽や民俗音楽の研究を本格的に行った、おそらく最初の人である。[20] 一九世紀スペイン音楽の没落を嘆き、国民芸術の復興に心血を注いだ彼のおかげで、「スペイン音楽」の資料が格段に増すことになり、作曲家たちはその恩恵を受けた。

アルベニスとグラナドスが開いた扉

一九世紀のスペインにおいて、本格的な国際作曲家として最初に現れたのがイサーク・アルベニス（一八六〇～一九〇九）である。イスラム文化の香りが色濃く残るアンダルシアに魅せられていた彼は、か

図6　パブロ・サラサーテ（1844-1901）

図7　フェリペ・ペドレル（1841-1922）

20　生徒各自の才能や性格を見抜いたうえで臨機応変な教え方をし、教師としても優れた天分をみせている。ペドレルを師としたアルベニス、グラナドス、ファリャ、トゥリーナが、その才能を開花させて国際的な影響力をもつ作曲家となったのは、決して偶然ではないのである。

の地に題材をとったピアノ曲を数多く書いている。なかでも、晩年フランスで書きあげた曲集《イベリア[21]　一二の新しい印象》は、音楽的な内容の深さ、演奏技術の難易度ともに、他に類をみない傑作である。この作品こそが、ペドレルやアルベニスが目指した「世界へ目を向けたスペイン音楽」の、一つの到達点であることに異論は出ないであろう。

エンリケ・グラナドス（一八六七～一九一六）によるスペイン的な作品は、民俗的なエッセンスと、詩的で抒情的な表現が合体しているのが特徴である。[22]その究極の結晶が、六曲からなるピアノ組曲《ゴイェスカス》で、これは後にオペラにも改作された。グラナドスは、マホとマハが繰り広げる「ゴヤの世界」に魅せられ、ゴヤのパレットを音で表現しようとした。《ゴイェスカス》にみられるロマンティックな感情の吐露（第二曲〈窓辺の語らい〉）、カスティーソな厳しさ（第三曲〈ともしびのファンダンゴ〉）、繊細な感傷（第四曲〈マハと夜鳴き鶯〉）、激情のうねり（第五曲〈愛と死〉）……、これらすべてはまさに、「スペインの心」といえるのである。

21　アンダルシアの香りであふれる《イベリア》だが、第3巻第3曲の〈ラバピエス〉は、マドリードにある下町地区の名をタイトルとする。アルベニスの主要ピアノ作品はほかに、《スペインの歌》《スペイン組曲》《旅の想い出》、ピアノ協奏曲第一番（幻想的協奏曲）など。オペラもいくつか残しており、「アーサー王3部作」の第1部《マーリン》では、当時世界を席巻していたワーグナーへの傾倒をみることができる。

22　グラナドスの主要作品には、《スペイン舞曲集》《ロマンティックな情景》《スペイン民謡による六つの小品》（以上ピアノ曲）、歌曲集《トナディーリャス》、《ピアノ五重奏曲》などがある。

ファリャとその周辺

スペインの近代音楽史は「ファリャ以前」と「ファリャ以後」に分けられるといっても過言ではない。一般に、マヌエル・デ・ファリャ（一八七六〜一九四六）の代表作といえば、コアなスペイン色を打ち出した《はかなき人生》《恋は魔術師》《三角帽子》の三大舞台作品群となろう。しかし、ファリャは「スペイン的かつ、普遍的な音楽」を求めて常に作風を深化させており、その革新的な作品は後に続くスペイン人作曲家たちの模範となった。特に重要なのは、セルバンテスの『ドン・キホーテ』にテキストをとった《ペドロ親方の人形芝居》（一九二三初演）と、チェンバロを主役によみがえらせた《チェンバロ協奏曲》（一九二六初演）である。[23] ここでは、《恋は魔術師》にみられるような「アンダルシア的なスペイン」は影をひそめ、中世のカンティガス（頌歌《しょうか》）、一六世紀のカベソンやビクトリア、一八世紀のスカルラッティ[24]などのスペインの豊かな音楽遺産が、ファリャの現代性と見事な融合をみせている。

「音楽の知性化」を進ませたファリャだが、音楽は「理解するもの」ではなく「感ずるもの」であるという意識を忘れず、アルベニスやグラナドスとはまた違ったスペインの本質を描き出してみせた。

23　ファリャの代表作はほかに、歌曲集《7つのスペイン民謡》、ピアノと管弦楽のための交響的印象《スペインの庭の夜》、ピアノ曲《ファンタシア・ベティカ》などがある。

24　ドメニコ・スカルラッティ（1685-1757）：イタリア人ながらスペインに30年近く暮らし、多くのチェンバロソナタを残した。その独創性は、スペインの民俗音楽の刺激があったからこそとみなされている。

図8　マヌエル・デ・ファリャ（1876-1964）

ファリャより六歳下のホアキン・トゥリーナ（一八八二〜一九四九）は、アンダルシアに題材をとった作品を数多く作曲、セビリャ人としての感性と、フランス印象派の洗練された和声感覚を活かした作風で「音の風景画家」と賞された。ファリャと同世代では、キューバ出身のホアキン・ニン（一八七九〜一九四九）も、スペイン音楽史に貢献した作曲家・ピアニスト・研究家として重要である。

ファリャが示した方向性を引き継ぎ、発展させようとした作曲家たちに「八人組」[25]がいるが、不運にも、内戦（一九三六〜三九）によって離散を余儀なくされ、何人かは音楽史から消えてしまう運命をたどった。メンバーのうち最も有名なのはハルフテル兄弟で、兄ロドルフォはメキシコに亡命し中南米で活躍したが、作品からスペイン色が失われることはなかった。弟のエルネストはポルトガルに移住、その後スペインに戻り、ファリャが残した大作カンタータ《アトランティダ》を補筆完成させ、初演した。

二〇世紀のスペイン音楽

ファリャとトゥリーナに続く世代にも、「スペイン的な音楽」を個性的なかたちで示した作曲家たちがいる。[26]故郷レパンテ地方の民俗音

25　「8人組」のメンバーは、ハルフテル兄弟のほか、グスタボ・ピッタルーガ、サルバドル・バカリッセ、フリアン・バウティスタ、フェルナンド・レマーチャ、フアン・ホセ・マンテコン、ロサ・ガルシア・アスコートである。マドリードで活動し、新古典主義、カスティシスモ、無調、12音技法、民俗音などがミックスされた「新しいスペイン音楽」を模索した。

26　この時期、スペイン民族主義音楽から脱却しようとした作曲家たちもいた。その先駆けとして、12音セリー音楽などの手法を使いこなしたロベルト・ジェラルド（1896-1970）と、ジョアキン・オムス（1906-2003）があげられる。

楽に根ざした、独特な響きと近代的な色彩に溢れた作品を書いたオスカル・エスプラ、緑と水に恵まれたバスクの神秘的な美しさを映したような音楽で知られるヘスス・グリディとホセ・アントニオ・デ・ドノスティアは、いずれも一八八六生まれである。

しかし何といっても、国際的に人気を得た二〇世紀の作曲家として、フェデリコ・モンポウ（一八九三〜一九八七）とホアキン・ロドリーゴ（一九〇一〜九九）の名をあげねばなるまい。

モンポウは今や、ピアノ音楽に欠かせない作曲家である。幼少時に親しんだ鐘の残響が原体験となり、「最小の手段で最大の表現」を可能とする孤高の音世界を築いた。《沈黙の音楽》をはじめとする神秘的な作品では研ぎ澄まされた音響感覚が、故郷カタルーニャを題材とした作品では、素朴なカタルーニャの心が生きいきと宿る。

《アランフエス協奏曲》でつとに知られるロドリーゴの作品は、明快なリズムと、現代的で透明なハーモニーに彩られている。黄金世紀や一八世紀の音楽を創作の源泉の一つとしており、ある意味では、ファリャが切り拓いたカスティシスモの世界を継承していることから、その作風は「ネオ・カスティシモ」ともよばれる。[27]

現代のスペイン人作曲家にはほかにも優れた人材が認められるが、

図9　フェデリコ・モンポウ（1893-1987）

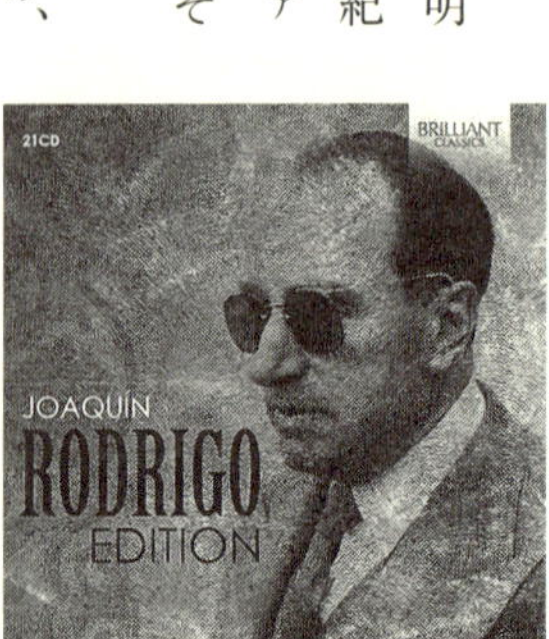

図10　ホアキン・ロドリーゴ（1901-99）

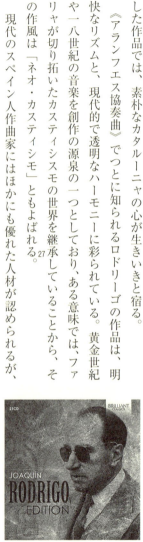

ここでは、いわゆる「スペイン的な音楽」とは別の道を目指した作曲家たちの内、ごく一部を紹介する。多作なシャビエ・モンサルバージェ（一九一二〜二〇〇二）は、特にアンティジャニスモ[28]の特徴で知られる。彼亡き後のカタルーニャ音楽界の重鎮にジョアン・ギンジョアン（一九三一〜）がいる。ハルフテル兄弟の甥にあたるクリストバル・ハルフテル（一九三〇〜）には、大編成の管弦楽曲が多い。ルイス・デ・パブロ（一九三〇〜）とトマス・マルコ（一九四二〜）は、現代音楽の大家として確固たる地位にある。

国民的楽器、ギター

「ギターの言語」は、スペイン音楽に不可欠と言ってよいだろう。例えば、ギターで愛奏されるアルベニスやグラナドスの作品は、すべてピアノ曲が原曲だが、ギターで演奏してもまったく違和感がない。前述したスカルラッティの鍵盤音楽曲にも、ギターの開放弦の響きを念頭においた和声が随所に聴かれるのである。

ギターの分野で功績を残した作曲家としてはまず、ギターが六単弦となった時代に活躍したフェルナンド・ソル（一七七八〜一八三九）が重要である。彼の作品にスペイン的な特色はみられず（数少ない例

27　ロドリーゴは、4台のギターと管弦楽のための《アンダルシア協奏曲》、2台のギターと管弦楽のための《マドリガル協奏曲》をはじめ、ギター、ピアノ、ヴァイオリン、チェロ、フルート、ハープといったさまざまな楽器のための協奏曲を書いている。ピアノソロ曲も多数。

28　アンティジャニスモとは、カリブ海のアンティル諸島に触発されたスタイルのこと。

29　フランシスコ・モレノ＝トローバのスペイン的なギター作品には、組曲《スペインの城》、組曲《マドリードの門》《カスティーリャ協奏曲》《フラメンコ協奏曲》など多数ある。

外を除く）、ウィーン古典派の作風をモデルにした普遍的な音楽性をもつ。ロマン派の時代、ギターを衰退から救い、クラシック音楽の世界に留まらせたのが、《アルハンブラの想い出》で知られるフランシスコ・タレガ（一八五二〜一九〇九）である。タレガの高弟として、カタルーニャ民謡の編曲などで知られるミゲル・リョベート、ビウエラ楽派の研究にも力を入れたエミリオ・プジョルがいる。前述のモレノ＝トローバ[29]、ロドリーゴも、ギター界になくてはならない作曲家である。彼らは魅力的なギター曲を多く生み出し、ギターをオーケストラと協奏させる分野にも多大な功績を残した[30]。

アンダルシアから世界へ——フラメンコ

ジプシー[31]たちの人生を原点とし、その悲哀や歓びを表現するフラメンコ。元来、アンダルシアの地を揺りかごとして育まれた一民俗芸能であったが、今や、世界で最も名高いスペインの芸術舞踊として認知されている。しかし、フラメンコは舞踊だけの世界ではない[32]。初めに唄（カンテ）があり、後に踊り（バイレ）、そしてギター（トケ）が加わったといわれており、その真髄はカンテ、特に深みのあるカンテ・ホンド[33]にあるとされる。

図11　アンドレス・セゴビア（1893-1987）
© 現代ギター社

30　優れたギタリストは数多いが、なかでも揺るぎない名声を誇るのは、コンサート楽器としてのギターの地位向上に努めたアンドレス・セゴビア（1893-1987）と、10弦ギターを発案しギターの可能性を広げたナルシソ・イエペス（1927-97）である。温かみある音色のセゴビアと、知性的なアプローチのイエペス——世界中の人々を魅了した二人の巨匠は、後に続くギタリストたちに多大な影響を与えている。

31　現代では、ジプシーを「ロマ」と呼ぶことになっているが、芸術作品の世界ではロマによび変えることが難しい場合が多い。

カンテは「カンテ・グランデ」と「カンテ・チーコ」に大別され、前者は荘重で深刻、後者は比較的軽快なリズムをとる。カンテ・グランデ、すなわち「カンテ・ホンド」に分類されるのは、カンテの真の柱とされるソレア、変則五拍子的で重厚なシギリージャス、モーロ人の影響を受けたといわれるカーニャなどである。躍動感のある曲種には、ホタを源流とした明るいアレグリアス、賑やかなフィエスタ向きのブレリアなどがある。鍛冶の仕事場から生まれたマルティネーテ、牢獄や罪人についての詞をもつカルセレラスなどは、本来はコンパスをもたず自由リズムで歌われる。そのほか、鉱夫の嘆きの唄タランタ、タンゴから派生したティエントス、スペイン北部の民謡がフラメンコ化したガロティンやファルーカ、クリスマスに賑やかに歌われるカンパニジェロなど、多彩なカンテが存在する。中南米の影響を受けたカンテとしては、グアヒーラ、ビダリータなどがあり、これらは「イダ・イ・ブエルタ[34]」系と呼ばれる。

フラメンコは、一方では伝統的な曲種を頑なに守りながら、最前線で活躍するアーティストたちによって常に革新、進化を続けている。しかしいつの時代にも、ドゥエンデ――抗いがたい魔的な魅力――を纏ったフラメンコこそが、「本物」として人々の心を打つのである。

32　フラメンコには50から60の曲種があるといわれている。曲のコンパスと、本質的な性格（世界観）はそれぞれ決まっているものの、歌詞やメロディは多様である。さらに、和音の組み立てとコンパスの枠の範囲内で即興が許されるため、同じ曲でも唄い手やギタリストのセンスによって雰囲気が変わる。「コンパス」は、直訳すればリズムを意味するが、単にリズムという言葉では片付けられない奥深さを併せもつ。独特なリズム、アクセント、テンポ、それらすべてを含めた「流れ」、フレーズ感のようなものをさす言葉ととらえるべきである。

33　忘れられかけていた真のカンテ・ホンドの復活に貢献したのが、フラメンコの理解者だったファリャと、詩人のガルシア・ロルカがグラナダで企画開催した「カンテ・ホンド・コンクール」（1922）である。

34　中南米音楽の影響を受けて、変化したかたちで本国に戻ってきた曲種、という意味で「ida（行き）y vuelta（帰り）」、つまり往復したカンテと名付けられている。

6 *Lengua*

スペインの言語

坂東省次

スペインは多言語の国

日本で今、スペイン語学習者は増加の一途にある。スペインに行けば全国津々浦々スペイン語が話されている。しかしスペイン＝スペイン語のイメージを抱いてスペインを訪れると、言語の多様性に驚かされる。スペインでは、スペイン語のほかにガリシア語、バスク語、カタルーニャ語、バレンシア語といった少数語もまた話されているからである。

スペインはもともと多言語の国であった。中世の言語地図からも明らかなように、イベリア半島ではさまざまな言語が話されていた。イサベル女王のカスティーリャ王国とフェルナンド王のアラゴン王国が統一して新しくスペインが誕生した時代にあっても、また一五一六年に始まるスペイン・ハプスブルク朝の時代にあっても、多文化多言語政策が貫かれた。しかし一七〇〇年に始まるスペイン・ブルボン朝時代にはフランスから中央集権制度が導入され、スペイン語による言語

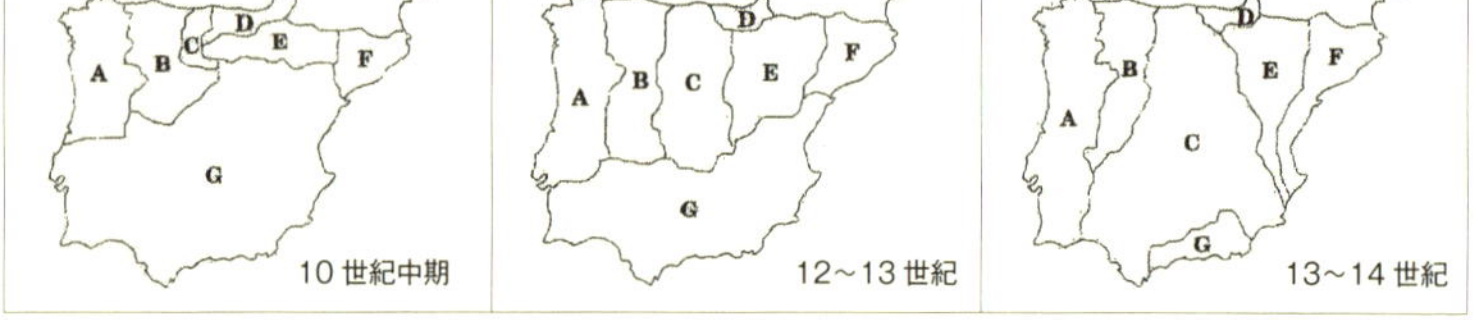

図1　イベリア半島の言語の移り変わり
A：ガリシア・ポルトガル語、B：レオン語、C：カスティーリャ語、D：バスク語、E：アラゴン語、F：カタルーニャ語、G：モサラベ語

統一が進められた。一九三一年に共和政が誕生して地方語が復活したが、それも束の間、一九三九年四月に始まるフランコ[1]独裁政権時代（〜一九七五）ではスペイン語オンリーの単一言語政策がとられ、それ以外の少数語はいずれも抑圧され公の場での使用を禁止された。地方語は衰退の一途を辿ったことは言うまでもない。地方語が残存する地域では、スペイン語が上位語で、地方語は下位語のダイグロシア[2]状況が続いたのであった。このような状況を救ったのは、一九七五年のフランコ独裁政権崩壊後に始まる民主体制の成立であった。一九七八年には新憲法が制定され、スペインは一七の自治州からなる自治州国家となり、第三条「公用語」では次のように、この国が多言語多文化国家であることが明記されたのであった。

一、カスティーリャ語は、国の公用スペイン語である。すべてのスペイン人は、これを知る義務を負い、かつこれを使用する権利を有する。

二、スペインのほかの言語もまた、自治州条例に従い、各々の自治州における公用語とする。

三、スペインの豊富な言語様式の多様性は、特別の尊重および保護の対象たる文化財である。

1　フランシスコ・フランコ（1892-1975）：スペイン内戦における右派国民戦線軍の指導者で、1936年10月1日から死去するまで国家首長として独裁政権を築いた。
2　ダイグロシアとは、複数の言語が互いに異なる機能によって使い分けられる状況をいう。

カスティーリャ語は国の公用スペイン語

ここでまず注目したいのは、スペインの公用語はスペイン語ではなく、カスティーリャ語であるという点である。それでは「カスティーリャ」とはどういう意味だろうか。これはスペインが統一国家として誕生した一五世紀以前の王国の一つ、カスティーリャ王国のことであり、そこで話されていた言葉がカスティーリャ語であったのだ。カスティーリャ王国の拡張の過程で王国の言語カスティーリャ語もまた、王国の政治的優位と法律や文学の分野での威信に裏打ちされて拡張を進め、ラテン語[3]化の進んだ半島中部の話者、無名の吟遊詩人、アルフォンソ一〇世[4]、ドン・ファン・マヌエル[5]、『ラ・セレスティーナ』の作者フェルナンド・デ・ロハスら各地、各時代のより洗練された話者と混じり合って練り上げられ鍛え上げられ、ついには格調高いカスティーリャ語に到達するのである。

しかしながら、カスティーリャ語の名称はカスティーリャ王国の人々の言語を指すのに適切な表現であったが、スペインが統一国家になり版図を世界に広げようとする一六世紀にあっては、スペイン語という名称が新しい言語状況を表すのにより適切な表現として内外に広がり始めていた。

3　ラテン語とは、古代ローマ共和国の公用語として広く普及した古代言語。

4　アルフォンソ 10 世：レオン・カスティーリャ王。在位 1221-84 年。カスティーリャ語の文芸活動を推進したことにより、「賢王」とも呼ばれる。

5　ドン・ファン・マヌエル（1282-1348）：スペインの散文作家。

図 2　フェルナンド・デ・ロハス『ラ・セレスティーナ』(1499)
戯曲形式で書かれたスペインの小説。

カスティーリャ語からスペイン語への推移は、ヨーロッパの諸言語にも反映していた。従来のカスティーリャ語を表す名称 Kastilkienisch（ドイツ語）、Castillan（フランス語）、Castilian（英語）、castigliano（イタリア語）、castelhano（ポルトガル語）に代わって、スペイン語を表す名称 Spanischen、espagnol、Spanish、spagnuolo、espanhol が登場したのであった。

カルロス一世すなわち神聖ローマ皇帝カール五世は、一五三六年四月十七日にローマのヴァチカン宮殿で開催された枢機卿会議において、慣例として使用されていたラテン語に替えてスペイン語で、「スペイン語こそキリスト教世界の万人が知るに値するほど高貴な言葉である」と、堂々と演説を行ったことは余りにも有名であるが、それはスペイン語の世界語宣言以外のなにものでもなかったのである。

世界に広がるスペイン語

時代は大航海時代を迎えようとしていた。スペインよりおよそ二五〇年も早く国土回復戦争（レコンキスタ）[6]を完了していたポルトガルは、すでに一四世紀前半に大航海時代の第一歩を印して、アフリカ、インドへと航路を広げ、一大海洋帝国を築いていた。

6 レコンキスタとは、イベリア半島におけるキリスト教徒とイスラム教徒との戦いのこと。8世紀初頭から1492年までの約800年続いた。

図3 カール5世（在位1519-56）
スペイン王。ハプスブルグ家の神聖ローマ皇帝としてはカール5世であり、皇帝マクシミリアン1世の孫。

一方、スペインは一四九二年一月二日にグラナダのナスル朝[7]を滅ぼし、八世紀に及んだレコンキスタにようやく終止符を打つと、その勢いはコロンブスのアメリカ到達とともに遅ればせながら大航海時代に突入し、世界を制覇して「陽の沈むことなき大帝国」を築くことになる。

スペイン語の世界的普及の歴史は、スペイン帝国の世界的伸張の歴史と重ね合わせることができる。スペイン語は陸を越え海を越えて世界的な拡張を続けていった。スペイン語はヨーロッパ、アメリカ、アフリカ、アジアへと運ばれ、やがてスペインから独立する国々に国語として定着していった。今日、スペイン語はスペイン、ラテンアメリカの国々（アルゼンチン、ボリビア、チリ、コロンビア、コスタリカ、キューバ、ドミニカ共和国、エクアドル、エルサルバドル、グアテマラ、ホンジュラス、メキシコ、ニカラグア、パナマ、パラグアイ、ペルー、ウルグアイ、ベネズエラ）、アメリカ合衆国の自由連合州プエルトリコ、そしてアフリカの赤道ギニアの公用語なのである。

スペイン語を母語とする話者の総人口は現在、約四億と考えられる。スペインのスペイン語人口は約四六〇〇万人（このうち約六百万は移民）であるが、ラテンアメリカのスペイン語人口は約三億六千万を数

7　ナスル朝とは、1230年から1492年まで続いたイベリア半島最後のイスラム王朝。首都名をとってグラナダ王国ともよばれる。

図4　グラン・カナリア島の「コロンブスの家博物館」（ラス・パルマ）
（©スペイン政府観光局）

えているからである。また、アメリカ合衆国内でのスペイン語人口は四〇〇〇万に達しようとしており、インスティトゥート・セルバンテス[8]の二〇一二年のデータによれば、地球上でスペイン語を母語とする人口に第二外国語としてスペイン語を話すか学んでいる人口を加えると五億を超すともいわれている。

スペインのほかの言語もまた、各々の自治州では公用語である

スペインの公用語はカスティーリャ語であり、言い換えればスペイン語であるが、憲法第三条二項からも明らかなように、一七の自治州のうち六つの自治州、すなわちガリシア自治州、バスク自治州、ナバラ自治州、カタルーニャ自治州、バレアレス自治州およびバレンシア自治州では、それぞれガリシア語、バスク語、カタルーニャ語、バレンシア語といった州固有の言語すなわち固有語をもっており、スペイン語との二言語併用地域となっている。

フランコ独裁政権時代の言語空間はスペイン語一色といっても過言ではなかった。確かにフランコ時代、地方語の出版もあったが、何よりも教育の場での使用言語は唯一スペイン語であり、その結果、地方語話者は減少し、話すことはできても読み書きの能力は極度に衰退を

8　スペイン語教育およびスペイン語圏文化の普及を目的に1991年に創設されたスペインの公的機関。日本支部は「セルバンテス文化センター東京」の名で知られる。

図5　カスティーリャ語文法書

余儀なくされた。このような状況の中で、固有語に公用語の性格を付与している前述の六つの自治州では、言語正常化すなわち固有語にスペイン語と同等の地位を与えることを目的に、一九八二～八六年にかけて次のような言語法を制定している。すなわちバスク語使用正常化基本法（一九八二）、カタルーニャにおける言語正常化法（一九八三）、ガリシア言語正常化法（一九八三）、バレンシア語の使用とその教育に関する法律（一九八三）、バレアレス諸島の言語正常化法（一九八六）、ナバラ地域法に基づくバスク語法（一九八六）である。

言語正常化法の制定によって、スペイン語以外の地方語をもつ自治州では、その地位の向上と社会への普及を具体化すべく、さまざまな政策を実行に移してきた。この結果、かつて使用言語がスペイン語に限られていた行政機関、教育機関、メディア（テレビ、ラジオ、新聞、雑誌、出版物）、商店、会社、工場、地名、標識などに、地域によって差はあるが、固有語がかつてない勢いで普及してきており、スペイン＝スペイン語のイメージを抱いてスペインを旅する人は、固有語の台頭に戸惑いを隠せないであろう。

以下に、固有語の言語正常化の状況をみておこう。

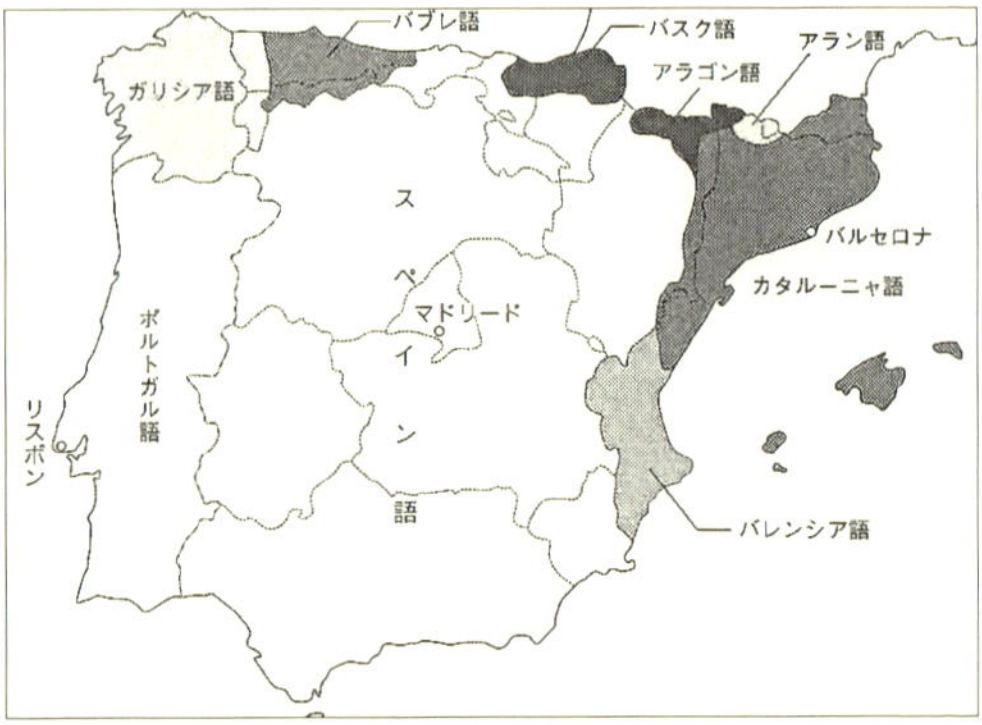

図 6　スペイン言語地図
（坂東省次『現代スペインを知るための 60 章』明石書店、2013）

①ガリシア語

ガリシア語はスペイン語とともにロマンス語[9]の一つで、北西部ガリシア自治州の固有語である。人口二七〇万のうちガリシア語を母語とする者五二%、スペイン語を母語とする者三〇・一%、両言語を母語とする者一六・三%となっている。また人口の六一・二%がガリシア語を日常使用しており、スペイン語を日常使用しているのは三八・三%である。

ガリシア語は地理的に広大な地域に拡大しており、また人口的にもスペイン語を圧倒しているが、社会的に上位を占めるのはスペイン語であり、都市や若者の間で使用されているのは、主としてスペイン語である。他方、ガリシア語は農村、漁村、山間部で使用され、田舎の農民や漁師の言語とみなされてきた。

自治州政府は行政機関、学校教育、新聞、テレビ、ラジオ、出版物、広告、劇などへのガリシア語普及を促進してきた。その結果、ガリシア語のステイタスは向上して、従来のイメージからは大きく変わってきている。ガリシア語を話しそれを誇りとする若い都市中間層をいかに育てるかが、今後の課題であろう。

9　ロマンス語とは、ラテン語の口語である俗ラテン語に起源をもつ言語の総称。

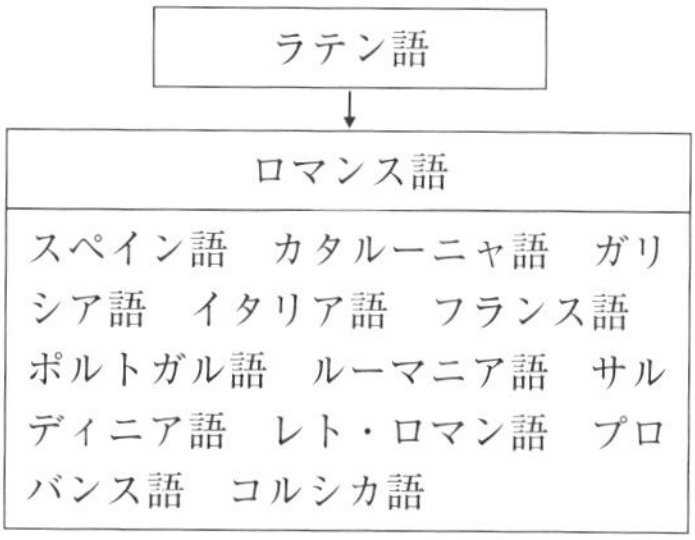

図7　ガリシア語の位置付け

②バスク語

バスク語は、三〇〇〇年の歴史を誇るバスク民族のアイデンティティである。ピレネー山脈を挟みスペインとフランスの両側で話されており、スペイン側の使用地域はバスク自治州とナバラ自治州である。スペイン語をはじめカタルーニャ語、バレンシア語、ガリシア語はいずれもロマンス語であるが、バスク語だけは系統がまったく異なっており、スペイン語話者にとってバスク語の習得は難しく、バスク語の知識は低い。

バスク自治州の言語正常化の背後には政治・文化ナショナリズムと豊かな経済力があった。この結果、バスク語は行政機関、学校教育、マスメディアなどに普及し、バスク語話者は今では人口二一〇万のうち約三〇%に達している。

バスク語の普及において重要な役割を果たしたのは、教育である。三つのモデルが設定された。モデルA（教育語はスペイン語、バスク語は教科として教える）、モデルB（教育語はスペイン語とバスク語）、モデルD（教育語はバスク語でスペイン語は教科として教える）である。こうしてバスク語はすべての学校で教えられるようになった。初等教育では多くの生徒がBモデルかDモデルを選択している。

図9　サン・セバスチャンの風景
ビスク自治州の都市の一つ。ビスケー湾に面している。（©スペイン政府観光局）

図8　バスク語の教科書

他方、ナバラ自治州は言語学的にバスク語圏、スペイン語・バスク語混成圏、スペイン語圏の三つの語圏に分かれている。ナバラ自治州の公用語はスペイン語で、バスク語はバスク語圏でのみ公用語であるが、混成圏にも普及している。バスク語話者は人口六四万のうち約一〇%と低い。学校教育ではモデルA、B、Dにバスク語のないモデルGが加えられた。バスク語圏ではモデルDが、その他の語圏ではモデルGの選択者が多い。

③カタルーニャ語

カタルーニャ語もまたロマンス語の一つで、スペインのカタルーニャ自治州、バレアレス諸島自治州、アンドラ、フランス南部のルサリヨーとセルダーニャ地方、イタリアのサルデーニャ島北西部の町アルゲーロで使用されている。

カタルーニャ語圏の一つはカタルーニャ自治州である。カタルーニャは工業化によってスペイン語話者の移民が大量に到来し、移民とその子どもがカタルーニャ人口の半分を占めている。この結果、カタルーニャには言語的に多様な社会が形成されている。

同自治州は、カタルーニャ語正常化のために、積極的にしてときに排他的とまでいわれる言語政策を展開してきた。それを象徴するのは

図10　カタルーニャ語文法入門書

図11　バルセロナの風景
カタルーニャ自治州の州都。地中海に面している。
(©スペイン政府観光局)

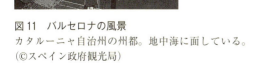

カタルーニャ語による「言語埋没プログラム」である。この方式が話者の母語に関係なく適用されたため、スペイン語話者から反発があったことは言うまでもない。しかしながら、二〇〇三～四年のデータによれば、カタルーニャ語はカタルーニャ自治州全人口約七〇〇万のうち九七・四%の者が理解し、八四・七%の者が話せる言語となり、行政機関をはじめ教育機関、メディア、ビジネス、企業、交通機関、地名、標識などありとあらゆる場所に拡大しているのである。カタルーニャ社会では長年、スペイン語が上位言語で、カタルーニャ語が下位言語であったが、今日、カタルーニャ語はステイタスの高い言語となり、スペイン語とカタルーニャ語は均衡のとれたバイリンガル状況を呈している。

前述のように、カタルーニャ自治州には「もう一つのカタルーニャ人」といわれるスペイン語圏からの移民家族がいる。加えて二一世紀（二〇〇二～八）になってスペイン語圏および世界各地から五〇万人以上（三六%がカスティーリャ語話者）の移民がカタルーニャに到来している。この結果、カタルーニャ語を日常使用する割合が二〇〇三年の五〇・七%から二〇〇八年の四七・六%へと微減している。また外国からの移民は一般にスペイン語使用地域に移住して、スペイン語

表1　言語比較表

日本語	おはようございます
カタルーニャ語	Bondia（ボン ディア）
バレンシア語	Bondia（ボン ディア）
ガリシア語	Bos días（ボス ディアス）
スペイン語	Buenos días（ブエノス ディアス）
バスク語	Egun on（エグン オン）

を学んでいる現状がある。

バレアレス諸島自治州はイベリア半島の東、地中海にあって、マヨルカ島、メノルカ島、イビサ島その他の島々からなる。

同諸島自治州の固有語はカタルーニャ語である。カタルーニャとは異なり、バレアレス諸島には工業の勃興はなく、長い間伝統社会が続いた。一九六〇年代に観光ブームの到来によって本土からスペイン語話者が移民として到来し、また外国人の居住者も増加し、社会は大きく変わった。そんな中で、スペイン語が上位語になり、カタルーニャ語は下位語になった。

人口の四七・八％にあたる住民の母語がスペイン語、四二・六％にあたる住民の母語がカタルーニャ語、一・八％にあたる住民の母語は両言語である。スペイン語優勢地域としてはパルマ・デ・マリョルカ都市圏とイビサ島であり、メノルカとマリョルカの農村部ではカタルーニャ語が支配的である。

言語正常化によって諸島の汎カタルーニャ語化が進む中で、これに抵抗する島民の間に、各島独自のカタルーニャ語、すなわちマリョルカ方言、メノルカ方言、イビサ方言を守ろうとする動きが強まっている。

図12　マヨルカ島の風景
地中海に浮かぶバイアレス諸島の一つ。ビーチリゾートとして有名。（©スペイン政府観光局）

図13　イビサ島の風景
同じく地中海の島。島全体が世界遺産であり旧市街地（ダルト＝ヴィラ）は2,500年以上も前につくられた城壁都市である。（©スペイン政府観光局）

④バレンシア語

東部地中海に面したバレンシア自治州の固有語はバレンシア語である。バレンシア語は一般にカタルーニャ語の変種と考えられ、カタルーニャ語圏に組み入れられることが多いが、自治州ではバレンシア語として言語正常化に取り組んでいる。

バレンシアは言語的にバレンシア語圏とスペイン語圏に分かれる。バレンシア語の知識と使用は地域によって異なり、南下するほど減少し、それだけスペイン語が強くなる。

主としてスペイン語で話す者が五四・五%、主としてバレンシア語で話す者が三六・四%、両言語で話す者が六・二%となっている。社会的にはスペイン語が上位語で、バレンシア語は下位語である。

学校教育では二つの語圏を考慮して、モデル1（教育語はスペイン語とバレンシア語）とモデル2（教育語はスペイン語、科目としてバレンシア語が必修）を設け、バレンシア語の地理的、社会的拡大を目指しているが、カタルーニャのような均衡のとれたバイリンガル社会を形成するには克服すべき課題が多い。

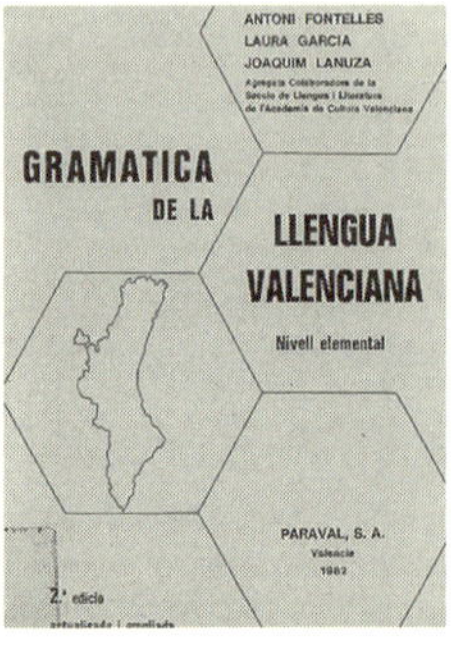

図 14　バレンシア語文法書

図 15　バレンシア都市広場

バレンシアは地中海に面するバレンシア自治州の州都。歴史ある街並みと毎年 3 月に行われる火祭りが有名。（©スペイン政府観光局）

スペインの豊富な言語様式の多様性は、保護の対象

特別の尊重および保護の対象となる言語を以下にあげておく。

①アラゴン語

北東部に位置するアラゴン自治州のおよそ一二〇万人の公用語はスペイン語であるが、ピレネー山脈の渓谷部ではロマンス語系のアラゴン語（言語人口約一万人）が、またカタルーニャ自治州との州境（ラ・フランジャ）ではカタルーニャ語（言語人口約四万人）が話されている。

②バブレ語

北西部、ビスケー湾に面するアストゥリアス自治州では、スペイン語に加えて、アストゥリアス語が使用されている。これは一般にバブレ語と呼ばれ、人口一一〇万人のうち四〇%が話している。

③アラン語

カタルーニャは前述のようにカスティーリャ語とカタルーニャの二言語併用地域であるが、カタルーニャ自治州の北部・ピレネー山麓に位置するアラン谷では、フランスのガスコーニュ語の変種であるアラン語が話されている。二〇〇六年の新カタルーニャ自治憲章によってアラン語はカタルーニャの公用語の一つに認められた。この結果、ア

図16　アラゴン自治州の風景
州の北部にはピレネー山脈が連なっている。（©スペイン政府観光局）

図17　カタルーニャ自治州のアラン谷
フランスとの国境に位置している。北側が開け、南部には険しい山々がそびえる。（©スペイン政府観光局）

ラン谷ではスペインで唯一、カスティーリャ語、カタルーニャ語、アラン語の三つの言語が公用語になった。

住民約一万のうちスペイン語を母語とする者は三八・七八％、アラン語を母語とする者は三四・一九％、カタルーニャ語を母語とする者は一九・四五％である。

手話と移民の言語

スペインには耳が不自由な人が一〇〇万人を超すといわれるが、このうち一五万人以上の人が手話を使用しており、彼らに手話で応じる人は家族や専門家など四〇万人いるといわれる。一方、二〇世紀末からスペインに到来したニューカマー[10]としての移民がおり、およそ五百万を数える彼らの言語は英語、中国語、イタリア語、フランス語、ブラジル・ポルトガル語、ポルトガル語、ルーマニア語、ベルベル語、アラビア語など実に多様である。

今、そしてこれからのスペイン言語

一九七五年のフランコ死去により、スペインは独裁国から民主国家にして多言語多文化国家へと変貌を遂げた。国際化が進む中でスペイ

10　スペインはかつて移民送り出し国であったが、20 世紀末には移民受け入れ国になった。仕事を求めて多数の移民がアフリカ、ラテンアメリカなど世界の各地から到来した。

図 18　マヨール広場（プラサ・マヨール）
スペインの首都マドリードの旧市街地にある広場。周囲には歴史ある商店やカフェが並び、にぎわいをみせている。（©スペイン政府観光局）

ン語は世界的レベルでますますその重要度を高めてきたが、同時に固有語もまた法的に認められ、公的機関で使用されるようになり、メディアにも登場することで着実に地歩を固めてきた。なかでもカタルーニャ語はその急進的で排他的ともいわれる言語政策によって文字通りサクセスストーリーを歩んできた。

固有語は自治州内でその使用域を拡大してきた。その結果、正常化政策の最終目標であるスペイン語と固有語の二言語あるいは三言語を併用する者の数が増加してきた。しかしながら二言語あるいは三言語併用者になればなるほど、使用言語の選択でスペイン語をより多くの者が選ぶ傾向が特に若者の間で顕著になってきているといわれる。この背後には世界の大言語スペイン語の便利さがあることは言うまでもないであろう。

加えて、国際化が進むスペインでも、英語教育がますます重視される状況にあり、特にスペイン語と固有語の二言語あるいは三言語併用者は、スペイン語と英語という世界の大言語の使用を余儀なくされている。固有語を持つ自治州では、正常化政策の完成を目指す一方で、固有語の行く末を新たな観点から見直してゆくことが今後の課題となるだろう。

図19　マドリードの古本市
1925年に設置され、年間を通じて開かれている。通称、クエスタ・デ・モヤノ。
(©スペイン政府観光局)

7

Etnias

スペインの民族

梶田純子

古代の民族

毎年スペインの全人口よりも多い人数の観光客がスペインを訪れる。理由は、もちろん魅力のある国だからであるが、そのうちの一つは、さまざまな異民族がもたらした文化の痕跡を見たいためであろう。スペインに「スペイン民族」がいたわけではない。現在のスペイン王国のあるイベリア半島にやって来た人たちが長い年月の間に交わり、スペインという国の住人、「スペイン人」が出来上がったのである。イベリア半島の先史時代はまだ不明な点が多い。わかっていることでは、約五〇万年前、人類が居住していた痕跡があることだ。その後ネアンデルタール人が現れ、消えていった。

原生人類が登場し、クロマニョン人などがフランスからイベリア半島に侵入してくる。フランス南西部のマドレーヌ文化が旧石器時代後期に到来し、北スペインの洞窟の岩壁に牛、鹿、馬など動物の絵を残した。その中でも北部カンタブリア州のアルタミラ洞窟に着色された

図1（右）　マルセリーノ・サンス・デ・サウトゥオラ（1831-88）
カンタブリア州サンタンデール出身。

図2（左）　マリア・フスティーナ・サンス・デ・サウトゥオラ（1870-1946）
8歳の時に岩絵を見つけたといわれる。

絵が残っている（18頁、図1参照）。これは今から一万五〇〇〇年から二万年前のものと考えられている。一八七九年、アマチュアの考古学者であったマルセリーノ・サンス・デ・サウトゥオラの娘マリアによって発見された[1]。

新石器時代の人々は今から七〇〇〇年ほど前に地中海沿岸に現れた。しかしその文化が広まるのは約五〇〇〇年前と考えられる。その頃アフリカからイベリア半島に農耕民がやって来て、南東部から南西部に農業が伝わっていった。

また巨石文化も入って来て、ドルメン（支石墓）が北部はガリシア、バスク、南部はアンダルシアなどに建造される。ドルメンが何を意味するのか、さまざまな説が唱えられてきた。

イベリア人

イベリア半島には、先史時代からイベリア人（イベロ人ともいわれる）が定住していたと考えられている。いつ頃から住んでいたのかわからないが、新石器時代にはすでに居住していたらしい。イベリア人が紀元前四世紀頃につくったといわれる「エルチェの貴婦人像」や「バーサの貴婦人像」にはギリシャ芸術の影響がうかがえる。

図3　バスク州アラバ県にあるドルメン
ソルギン・エチェ（Sorginetxe、魔女の家）と呼ばれている。

1　マルセリーノは旧石器時代のものだと発表したが、スペイン考古学会は認めなかった。彼の死後本格的な調査がされ、旧石器時代の洞窟画であると確認された。今では「旧石器時代のシスティーナ礼拝堂」と称されるほど、その価値が認められているが、傷みがひどいため、現在は非公開となっている。首都マドリードの国立考古学博物館、現地のアルタミラ博物館でレプリカを見ることができる。

イベリア半島の南、アンダルシアにあった王国タルテソスは、イベリア人による最初の国家といわれ、古代ギリシアの歴史家ヘロドトスもこの国家について言及している。ギリシャ人やフェニキア人との交易を行っていて、聖書に書かれている金属の産地である「タルシシュ」がタルテソスではないかという説がある。後に侵入して来たカルタゴ人により、この王国は滅ぼされた。イベリア人は、しばしばバスク人と同一人種であるかどうかが議論されてきた。例えば、イベリア半島の東部、南部から出土した貨幣、壺、碑文などにイベリア人が残した文言がギリシャ文字とフェニキア文字の組合せで書かれたものがある。その文言がバスク語で解析できるといったことが発表されるなど、イベリア人＝バスク人と考える学者もいる。一方で、北アフリカからやって来た人々の言語だともいわれている。

そこにケルト人がやって来る。紀元前一〇〇〇年頃から北の方からピレネー山脈を越えて、波状的にイベリア半島に入って来た。そして現在のイベリア半島北部や西部に、鉄器を始め、装身具、音楽やダンス、そしてバスクには二〇進法を残していった。

内陸部に入ったケルト人は、先に住んでいたイベリア人と混血し、「ケルト・イベリア人」となる。紀元前一四三年には後でイベリア半

図4（右）「バーサの貴婦人」、図5（左）「エルチェの貴婦人」（いずれもマドリード国立考古学博物館蔵）

島に侵入して来るローマ人との激しい戦争「ヌマンシアの戦い」が起こった。これは現ソリア辺りにあった町ヌマンシア（当時の人口約八千人）を小スキピオが率いる約六万人のローマ軍が攻めた。容易に陥落すると思われていたが、何と一〇年もかかり、最後はヌマンシアの住民が自決したため、ローマ軍が落とせなかった。この戦いはスペイン人にとっての誇りとなり、『ドン・キホーテ』を書いたセルバンテスも戯曲にした（130頁参照）。

フェニキア人、ギリシャ人、カルタゴ人

地中海沿岸では、フェニキア人が地中海からイベリア半島にやって来て、紀元前八世紀頃に都市ガディール（現カディス）を創建する。さらにマラカ（現マラガ）などの港湾都市を地中海沿岸に創建し、イベリア半島の金属や農水産物などの交易を行っていた。

紀元前七世紀頃にはフォカイア（現トルコのフォチャ）のギリシャ人がやって来て、紀元前六世紀頃に都市エンポリオン（現アンプリアス）などを地中海沿岸に創建し、やはり地中海交易を行っていた。そしてギリシャ人はイベリア半島に定住し、ケルト・イベリア人と混血するか、後にイベリア半島に侵入して来たカルタゴ人に追い出される。

図6　イベリア人の墓
（マドリード国立考古学博物館蔵）

図7　ヌマンシアの遺跡（カスティーリャ・イ・レオン州ソリア県ソリア郊外）

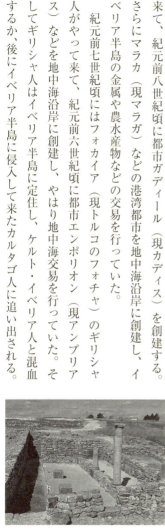

イベリア半島は陶器などにギリシャ文化を残している。

カルタゴはフェニキア人が北アフリカに創建した都市だったが、衰退すると、都市を受け継ぎ、ギリシャ人と争った。なお、イベリア半島の鉱物交易はカルタゴが独占状態であった。

ローマ人

紀元前三世紀頃、カルタゴ人とローマ人が地中海支配権をめぐり、ポエニ戦争が起きる。第一次ポエニ戦争（紀元前二六四～二四一）は、カルタゴが敗北する。カルタゴは、地中海覇権を減退させ、イベリア半島での支配を広げていき、カルタゴ・ノーバ（現カルタヘーナ）などの都市をつくった。ローマ人もイベリア半島にやって来る。紀元前二一九年カルタゴの若き指揮官ハンニバルが、サグントゥム（現サグント）を攻撃し、翌年、第二次ポエニ戦争が勃発すると、ローマ軍の大スキピオにより、カルタゴ・ノーバが攻撃、占領された。カルタゴは紀元前二〇一年に敗退し、イベリア半島の拠点を失う。イベリア半島はローマが支配することとなり、属州ヒスパニアとなる。現在の「スペイン」の語源である。ローマ軍は農民を連れて来て農作をさせた。その農産物、鉱物などがローマを豊かにしたといわれる。アンダルシ

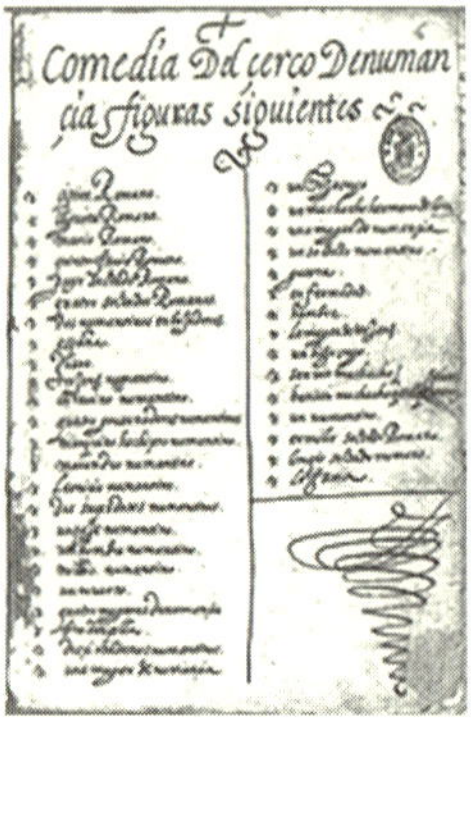
Comedia Del cerco Denuman cia figuras siguientes

図 8　戯曲「ヌマンシアの包囲」
『ドン・キホーテ』を書いたミゲル・デ・セルバンテスによる。

図 9　ギリシャ人が残した芸術品
フォカイアのギリシャ人であったが、その芸術性はアテネのギリシャ人と同じく高かった。

アなどの小麦、オリーブ、ワイン、カルタヘーナの鉱物資源などである。ローマ人は、前述したヌマンシアの戦いのような内陸部の先住民と激しい戦いをし、イベリア半島を征服するのに約二〇〇年を要した。紀元前一世紀にアウグストゥスは、ヒスパニアを「ヒスパニア・バエティカ」「ヒスパニア・タラコネンシス」「ヒスパニア・ルシタニア」の三属州にし、治安の良かったバエティカを元老院領、タラコネンシスとルシタニアは皇帝領とした。皇帝領には軍が置かれた。

さらにローマからの道、ヴィア・アウグスタ（アウグストゥスの道）といわれる幹線道をフランスから地中海沿いにつくった。これにより、ヒスパニアからローマに大量の鉱物などが運ばれた。幹線道路沿いにカエサル・アウグスタ（現サラゴサ）、エメリタ・アウグスタ（現メリダ）など重要な町々がつくられた。

一世紀から二世紀に、「パクス・ロマーナ（ローマの平和）」と呼ばれるような安定した時期に入ると、ヒスパニアはローマ化されていく。言語はローマ人が話していたラテン語になり、文字もそれまでのイベリア文字からローマ字が使用されるようになる。属州からは、暴君ネロの教師だった哲学者セネカなどの文化人を輩出している。ローマの五賢帝と呼ばれた五人の皇帝がこの時代に現れ、領土拡大するが、そ

図10　カルタゴのハンニバル（前247-前183頃）

図11　象を率いたカルタゴ軍

のうちのトラヤヌスは初の属州生まれのローマ帝国皇帝になり、名君として功績を讃えられている。また領土を引き継いだハドリアヌスも、バエティカで出生した五賢帝の一人である。

宗教、つまりキリスト教がいつヒスパニアに伝えられたのかは諸説がある。よくわかっていないが、一世紀頃といわれている。最初は都市部から農村部に伝わっていった。農村部ではそれまでの宗教が根強く信じられていてなかなかキリスト教化されなかったが、やがてヒスパニア出身の司教も誕生した。キリスト教がローマの国教となると、ヒスパニアでも教会組織がつくられた。

また、ローマの高度な建築技術により、接着剤を使わずに石を積み上げた水道橋をセゴビア、メリダなどにつくった。各地に建造された劇場は、舞台のささやき声まで観客に届くほどであった。建堂（教会）も各地に建てられた。また法体系においてもローマ法をもち込むなど、ローマは、現在のスペイン文化の基礎を築いたといえる。

ゲルマン民族

五世紀初頭に、ゲルマン民族のヴァンダル人、アラン人、スエビ人が、ガリア（現フランス）からヒスパニアに侵入して来た。ヴァンダ

図 12　ルキウス・アンナエウス・セネカ（前1年頃-65）
ローマの哲学者（ストア派）。ヒスパニアのコルドバ生まれ。皇帝ネロの家庭教師でもあった。

図 13　マルクス・ウルピウス・トラヤヌス（在位 98-117）
イタリカ（セビリャ郊外）出身ローマ皇帝の五賢帝の一人。領土拡大の遠征を何度か行い、ローマ帝国領土を最大とした。

ル人の一部は、ガリシアに定住する。ほかのヴァンダル人は、イベリア半島南部のバエティカに定住した。その後アフリカに移動していくが、その名前が後にやって来るイスラム教徒たちの征服地「アル・アンダルス（ヴァンダル人の国）」に残り、「アンダルシア」の語源となった。アラン人は、イベリア半島南西部の「ルシタニア」に定住した。スエビ人は、ヴァンダル人やアラン人と混血し、現在のガリシアに定住し、スエビ王国を建国した。この王国は、五八五年西ゴート王国に併合されるまで存続した。

西ゴート人

三七五年に東方より襲来したフン族の圧迫により、ゲルマン民族の西ゴート人が、ローマ帝国領に侵入した。五世紀初頭にガリアで西ゴート王国を建国し、トロサ（現トゥールーズ）に首都を置いた。たびたびヒスパニアにも侵入し、王国の拡大を狙っていた。五世紀半ばからイベリア半島は、スエビ王国と西ゴート王国の二つに分かれた。五世紀末、ガリアにフランク王国が建国されると、西ゴート王国と干戈《かんか》を交える。その結果、西ゴート王国は、ガリアの大部分を失い、イベリア半島のみが領土となる。

図14　プブリウス・アエリウス・ハドリアヌス（在位117-138）
イタリカ出身ローマ皇帝の五賢帝の一人。トラヤヌスの養子となり皇帝に即位。帝国の拡大をせずに内政に力を入れ、行政改革を行った。

図15　セゴビアのローマ水道橋
1世紀頃、遠くの川から水を引くために建造されたといわれる。全長約800m、高さ約30m。アーチ構造。

西ゴート王国では、暗殺などで国王が次々と変わり安定しなかった。血縁ではなく、選挙によって王を選出する習慣があったためである。また、イベリア半島の西ゴート人とローマ人間の結婚は禁止されていた。法律もローマ人にはローマ法、西ゴート人にはゲルマン法が適用されていた。ローマ人はカトリックを信奉していたが、西ゴート人はゲルマン民族の宗教であるキリスト教アリウス派を信奉していた。カトリックからみると、アリウス派は異端であり、宗教的にもローマ人と西ゴート人の間には摩擦があった。

東ローマが内乱状態の西ゴート王国に侵入し、南部を制圧した。それを発端として西ゴートは北部のカンタブリアやバスク、南部にも出兵し、東ローマ領を狭くした。さらにカトリックに改宗していたスエビ王国も同様に狭くなり、西ゴート王国は拡大していった。

王レオヴィギルド（在位五六八～八六）が首都をトレドに移した。そして彼はローマ人と西ゴート人の婚姻を認めた。その長男ヘルメネギルドはカトリックのフランク王国王女と結婚し、カトリックに改宗する。父王との確執により、ヘルメネギルドは反旗をひるがえし、イベリア半島周辺のカトリック国、東ローマ王国、スエビ王国、そしてフランク王国に応援を求めた。父王からの賄賂で寝返った東ローマに

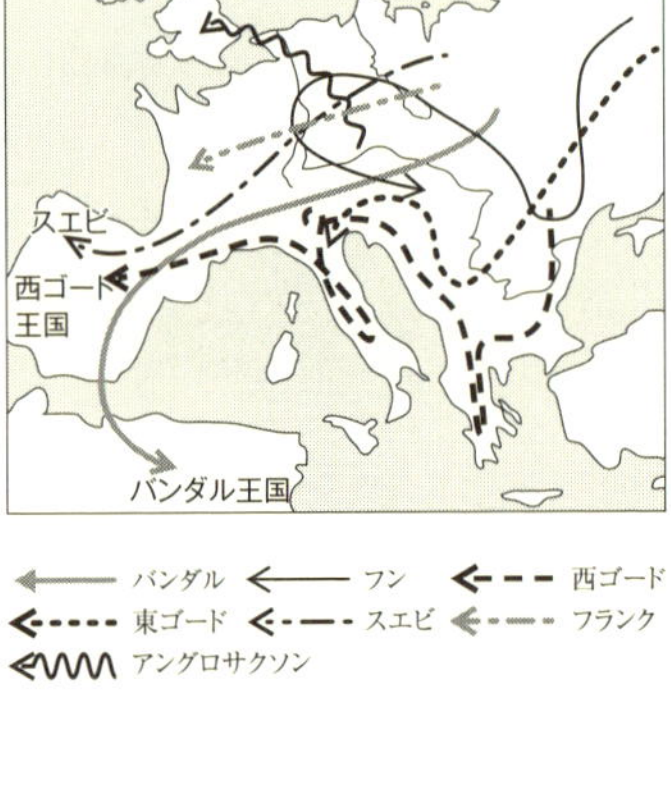

図 16　フン族の侵入に端を発したゲルマン民族の大移動

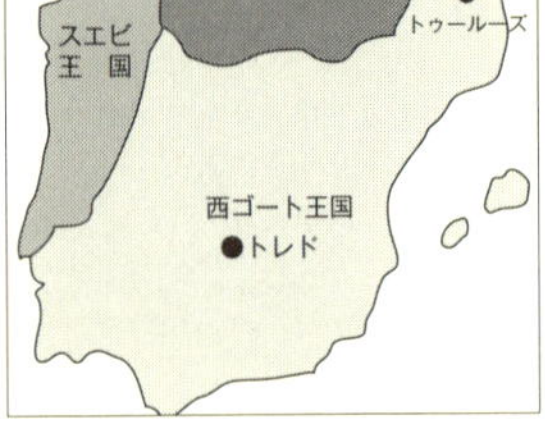

図 17　西ゴート王国時代のイベリア半島勢力図
南東部が西ゴート王国領。北西部（現ガリシア・ポルトガル）はスエビ王国領だった。

よりヘルメネギルドは捕まり、追放され死亡する。またスエビ王も戦死し、これによりスエビ王国は西ゴート王国に併合された。

ヘルメネギルドの弟、レカレド一世が西ゴート王国の王座に就くと、五八七年カトリックに改宗し、王国全土のカトリック改宗を宣言する。西ゴート王国は、カトリックに改宗した後も安定せず、数々の反乱、暗殺が行われた。西ゴート王国の大多数はローマ人であったが、支配者は西ゴート人であったからである。また西ゴート王国には貴族階級があり、貴族は要職に就き、広い土地を所有していた。聖職もローマ人が就いていたが、やがて西ゴート人も就くようになった。

西ゴート王国はカスティーリャ・イ・レオン州などに西ゴート建築様式の教会を建造し、今も残っている。外見は石を四角く切って、積み上げた質素なつくりで、内部の馬蹄形アーチが特徴であり、後にイスラム教徒に受け継がれた。柱には聖書をモチーフとしたプリミティブな飾りの彫刻がみられる。

先述のように、西ゴート王国の王権が不安定な中、八世紀初めに、ロデリック（ロドリーゴ）が王に選出される。七一一年、ロデリック王が北部ナバーラ周辺でバスク人と戦っていた時、敵対する貴族はイスラム教徒と手を組み、ベルベル人などがジブラルタル海峡を渡って

図18　西ゴート王レオヴィギルド（?-586）

図19　レカレド1世（在位 586-601）
レオヴィギルドの次男。カトリックに改宗し、父王に逆らうが、父の死亡に伴い、西ゴート王となる。

西ゴート王国へ攻め入って来た。これを知ったロデリック王はすぐにスペイン南部に戻ったが、グアダレーテ河畔（アンダルシア）の戦いにて、戦死または行方不明になったといわれる。

ユダヤ人

ユダヤ人がいつからイベリア半島に入って来たのかはよくわかっていない。しかし一世紀頃には半島に居住していたとみられる。カタルーニャで発見された一世紀頃の碑文にヘブライ語表記が見られるからだ。西ゴート王国時代には、独自のコミュニティを形成し、ユダヤ教、独自の習慣で暮らしていた。金持ちは土地を所有し、奴隷を使って農業もしていたし、海外交易をする者もいた。

しかし五八七年、西ゴート王国のレカレド一世王がカトリックに改宗すると、ユダヤ人に対して奴隷使用を禁じ、キリスト教への改宗を迫った。七世紀には土地所有や海外交易も禁止するなど、ユダヤ人への弾圧が続いた。七一一年にイスラム教徒がイベリア半島に侵入して来ると、ユダヤ人はそれを歓迎した。そして特にトレドやアンダルシアの大都市では、ユダヤ教の信仰の自由と自治が保証された。一〇世紀頃には、イスラム社会において、ユダヤ社会も繁栄してい

図 20　サン・ペドロ・デ・ラ・ナーベ教会（カスティーリャ・イ・レオン州サモーラ県）
西ゴート建築様式の建物。建築は西ゴート王国末期の 7 世紀末から 8 世紀頃。

た。ユダヤ人はイベリア半島北部のキリスト教国との仲介や通訳などで活躍していたし、商売でも成功していた。しかし、一一世紀になると、北アフリカから、ベルベル人で厳格なイスラム教徒のムラビト朝、ムワッヒド朝軍が侵入し、ユダヤ人は迫害され、イスラム圏のアル・アンダルスからキリスト教国に移動していく。

国土回復戦争（レコンキスタ）が始まると、建国されたキリスト教諸国には、ユダヤ教徒やイスラム教徒が信仰をもったまま共存していた。ユダヤ人は、財務行政や商業、アラビア語の翻訳、医学、天文学などに優れており、重要な役割を果たした。しかし、キリスト教徒とユダヤ教徒は完全に平等というわけではなかった。ユダヤ人は、特別な税金を課されていたし、キリスト教社会でそれなりに重宝されていたが、人種的偏見もあった。裕福なユダヤ人や徴税人としてのユダヤ人は、キリスト教徒の反感を買い、しだいに反ユダヤの暴動が各地で起きた。

そしてユダヤ人に対する虐殺や強制的にキリスト教へ改宗を強制した。キリスト教徒になったユダヤ人は、「コンベルソ」または蔑称「マラーノ（豚）」と呼ばれた。彼らの中には隠れユダヤ教徒もいたので、それらを一掃するために、一四七八年にはセビリャに異端審問所が創

図22　セファルディ博物館（カスティーリャ・ラ・マンチャ州トレド市）
元はユダヤ教のトランシト教会（シナゴーグ）。「セファルディ」とはスペイン系ユダヤ人の意。イベリア半島に居住していたユダヤ人と追放により各地に散ったユダヤ人とその子孫をさす。

図21　サン・ペドロ・デ・ラ・ナーベ教会内部
柱が支えているように見えるアーチは装飾。この建築様式は後のイスラム建築に引き継がれる。

設される。しかしこれが十分機能せず、一四九二年グラナダ戦争の終結でレコンキスタが完了すると、ユダヤ追放令が発令された。イベリア半島から追放されたユダヤ人は、ヨーロッパまたは北アフリカに移住する。

だがフェリペ二世の時代にポルトガルも併合（一五八〇）されると、ポルトガルに移住していたユダヤ人がまた問題になり、再び厳しい異端審問が行われた。ユダヤ人やコンベルソには社会的、文化的に有能な人が多く、スペイン社会に大きな足跡を残している。

イスラム教徒の侵入

前述したように、七一一年、イスラム教徒のイベリア半島の侵入により、西ゴート軍は敗北する。ベルベル人、アラブ人などのイスラム教徒たちは、わずか五年ほどでイベリア半島の大部分を征服し、征服した土地を「アル・アンダルス」と呼んだ。居住していたのは、西ゴート系のキリスト教徒、モサラベ（アラブ化したキリスト教徒の意）とイスラムに改宗した者が大半で、少数のユダヤ人もいた。西ゴート王国征服後、イスラム教徒軍は現フランスのフランク王国へも攻め入るが、七三二年のトゥール・ポワティエ間の戦いで敗北し、一旦イベリ

図 23 《聖ドミニクスの異端審問》 作者のベルゲーテ（1450-1503）はカスティーリャ・イ・レオン州パレンシア県パレデス・デ・ナーバ出身。

図 24 フェリペ2世（1527-98） カトリック両王のひ孫。父から神聖ローマ帝国を除く領土を母方からポルトガルとその領土を継承したため、「陽の沈むことなき大帝国」といわれるほど広い領土を所有した。

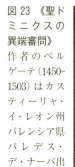

ア半島に押し戻される。

イスラム教徒たちは、相互に仲が良かったわけではなく、肥沃な土地に居住した支配者アラブ人と北部に追いやられたベルベル人、アラブ人とシリア人、さまざまな対立があった。多民族と多宗教の混在していたアル・アンダルスは不安定な社会であった。

後ウマイヤ朝[2]時代は、南アラブ人やベルベル人の反乱を収め、またその後多発したムワッラド貴族の反乱も鎮圧した。アンダルス生まれの者たちはアンダルス人という意識ができる一方、アンダルス人とベルベル人との対立も激化する。この時期にアル・アンダルスは最盛期を迎え、最大版図となった。

また、北アフリカからベルベル人のムラビト朝、ムワッヒド朝軍がやって来て、それまで友好的に暮らしていたキリスト教徒とイスラム教徒の関係が崩れ、一二一二年のラス・ナバス・デ・トロサの戦いでキリスト教国軍が勝った。

レコンキスタ完了後もイベリア半島にとどまったイスラム教徒は、「モリスコ」と呼ばれたが、一五〇二年にはグラナダのモリスコもキリスト教徒に改宗するか出て行くかの二者択一を迫られる。そしてフェリペ三世（在位一五九八〜一六二一）時代の一六〇九年に、モリ

2　後ウマイヤ朝（756-1031）は、イベリア半島にて、アブドラ＝アッラフマン１世が建国したイスラムの王朝。

図25　グラナダのアルハンブラ宮殿
イスラムのナスル朝期（1232-1492）に建てられた。写真はライオンのパティオ（中庭）。

スコ追放令が出され、彼らは北アフリカに逃げることとなった。

ヒターノ（ロマ）

フラメンコや闘牛といえば、かつて「ジプシー」と呼ばれたロマ[3]の人々の功績を忘れてはいけない。インド起源だとされる彼らが、イベリア半島にやって来たのは、一五世紀頃だといわれている。昔は鍛冶屋や鋳掛屋として重宝されたり、貴族の余興としてヒターノの占いや芸能が使われたりしていた。彼らは町や村の外に住み、定住もしていなかった。

レコンキスタが完了し、キリスト教化されるに連れ、ヒターノは迫害され、定住化を強いられたり、言語や習慣までもが禁止された。しかしながら、闘牛やフラメンコについてはヒターノ抜きにしては語れないほど、彼らが果たした役割は大きい。現在もスペイン内に約七〇万人居住しているといわれ、東欧と並んで人口が多い地域となっている。

ニューカマー

一九九六年、スペインではアスナール政権が財政赤字を解決し、経

3　ロマとは「人間」の意。ジプシーがエジプト起源という間違った見識から出た語に加えて、泥棒、物乞い、スリという悪いイメージを抱かせるので、ロマと呼ばれるようになった。スペインでは、東欧のロマと区別するように「ヒターノ（ス）」と呼ばれる。

図26　ロマ（ヒターノ）の女性たち

済が好調となり、欧州連合（以下、EU）にも加盟国した。また不動産バブルとなると、中南米などから大量の移民が流入した。[4] そして二〇〇四年に東ヨーロッパの国々もEUに加盟すると、移住・就業手続きが簡単になり、東ヨーロッパからの移住者も急増した。一時は外国人登録者として、伝統的に多かったモロッコ人より、ルーマニア人の方が多くなったほどである。

二〇〇一年、外国人法が改正され、二〇〇五年には在留資格外滞在者の合法化という特別措置が実施されると、アフリカなどからさらに多くの人がビザやパスポートも持たずにやって来ることとなった。元々、スペインとアフリカには経済格差があり、小舟に乗って非正規に入国する者が後を絶たなかった。また陸路でもトラックやバスで入って来る者もいた。

スペインは、独裁者フランコの死後（一九七五）、民主化を果たし、一九八六年にECに加盟すると、経済状態が良くなり、賃金も上昇する。同時に多くの外国人労働者が流入した。

二〇〇七年には外国人登録者数が総人口の一〇％を超えた。現在スペインの総人口の一〇・一％を占める四七二万人の外国人登録者が、スペインに住んでいる。

図 27　南米の国々に送金できるというポスターが貼られているロクトリオ　公衆電話ブースやインターネットカフェのこと。簡単な食料品が売られているところもある。中は外国から出稼ぎにきている外国人でいっぱい。

4　1970 年の国勢調査によると、外国人登録者数は 291,035 人で、ドイツ、フランス、イギリス、ポルトガルというヨーロッパ人が 170,000 人と多かった。北米は 36,000 人、中米が 25,000 人、南米は 28,000 人、アフリカはモロッコ人がほとんどで、25,000 人であった。この傾向は 2000 年頃まで続く。

8 *Cocina* スペインの食文化

渡辺万里

歴史からたどるスペインの食

スペインは、高い山脈に分断された十数個の地方から成り立っていて、山を越えれば異なる気候風土の土地が広がっている。だからこそ現代に至るまで、各地方が固有の性格をもち続けてきた。また歴史的にも、さまざまな民族が流入と移動を繰り返したため、地方ごとに独自の文化を築いてきた。

食文化を語るにあたっても、この二つの要素を考慮しなくては、成り立ちを理解することはできない。風土という横の糸と、歴史という縦の糸。この二つが織りなすタペストリーの上に、一つひとつの料理のアイデンティティを探すことができる。とりわけ、料理の土台となる食材が、どの時期に誰によってもたらされたかを知ることは、食体系を把握するための重要な要素となるだろう。

本章では重要な歴史上のポイントをいくつか選び、スペインの食の成り立ちとその進化をたどってみたい。

図1　スペインの市場
各地の市場を見れば、食文化の豊かさが推し量れる。写真はマドリードのサン・ミゲル市場の一角。

ギリシャ人とオリーブ──地中海食体系の魅力

イベリア半島の食文化の原点は、ギリシャ時代へさかのぼる。紀元前二世紀頃イベリア半島に進出してきたギリシャ人たちは、地中海岸の拠点のそれぞれにオリーブを植え、オリーブの文化をもたらした。エンプリエスの遺跡[1]には、オリーブオイルの搾油場跡があり、彼らがオリーブという食材を生活の基盤として根付かせていたことを裏付けている。

オリーブは日照時間が長く乾燥したイベリアの気候と土地質によく適応し、オリーブ栽培は瞬く間に広い地域へと広がっていく。現在では北部地方の一部を除いて、スペインのほぼ全土でオリーブが栽培され、オリーブオイル生産量が世界第一位であるだけでなく、オリーブオイルなしには暮らせないほどに密着した食生活を送っている。

スペインでは何故こんなにまでオリーブオイルが重要なのか？　それはオリーブオイルが、スペイン料理の味付けの最も基本となる調味料だからである。スペイン料理におけるオリーブオイルの存在は日本料理における醤油のようなもので、オリーブオイルによる調味こそが、スペイン料理のアイデンティティの基礎なのである。

オリーブの重要な産地であるアンダルシア地方とカタルーニャ地方

1　カタルニア北部エスカラの郊外に位置し、地中海に面した遺跡。ギリシャ時代とローマ時代それぞれの遺跡が重なって発掘されたことで知られている。

図2　オリーブオイルの搾油場跡
カタルーニャ北部エンプリエスのギリシャ時代の遺跡にみられる。

の双方に、朝食のパンにオリーブオイルを塗って食べる習慣があることも、この国の食生活の基本的な部分でオリーブオイルが欠かせないことを象徴している。また、最古のソースといわれるアリオリはカタルーニャ地方で生まれ、同じく古い起源をもつマヨネーズもバレアレス諸島のメノルカ島で生まれたといわれる。いずれもオリーブオイルがもつ乳化の性質を生かしたソースで、基本的にソースを多用しないスペイン料理の中では、数少ない重要なソースとなっている。

また、最近ではスペインのオリーブオイルの品質は世界的に高く評価され、量だけではなく質でも世界のオリーブ市場で頭角を現すようになってきた。オリーブの品種の個性を生かし酸度の低い優れたオリーブオイルが各地で続々と誕生していることに、注目していきたい。

カルタゴ人とガルバンソ――保存食大国、スペイン

食の観点からイベリア半島の歴史をみていくと、カルタゴ人の足跡を見落とすことはできない。ガルバンソ（ひよこ豆）というスペインの食に不可欠な食材をもたらしたからである。

カディス、マラガなどの港に上陸し地中海沿岸に拠点を築いた彼らは、食糧としてもち込んだガルバンソを栽培し始めた。当時半島を支

図3　アンダルシア地方バエナのオリーブ畑

図4　マヨネーズもオリーブオイルなくしては生まれなかった

配していたローマ人たちは、カルタゴ人を「豆食い」と呼んでばかにしたというが、その「豆食い」がローマ軍に勝つ日が来る。兵糧を確保して戦いに備えるカルタゴの方針は、見事に報われたのである。

ガルバンソは、どんなに痩せた土地でも雨量の少なくても栽培できたため、その栽培地域はやがてイベリア半島ほぼ全域に広がった。ガルバンソの代表的な料理といえば、まずコシード・マドリレーニョがあげられる。煮込んだものという名前をもつこの料理は、入れる食材を一部変えながらスペイン各地にさまざまなバージョンが存在するが、その大部分に欠かせない共通の食材である。

また、カトリック教国となってからのスペインを象徴する料理、ポタヘ・デ・ビヒリア（精進の日の煮込み料理）も、ガルバンソなしにはつくれない。ガルバンソにホウレン草、干ダラ、ゆで卵を加えて煮込んだ料理で、肉を食べてはいけない精進日の料理として修道院が人々に広め、今も内陸部を中心に受け継がれている。

カルタゴ人の遺産で今もスペインで受け継がれているものに、サラソン（魚介類の干物）がある。これもガルバンソと同じく、兵糧の確保という発想から生まれた食材である。

次々と移住して来る民族によって異なる保存食がもたらされた結

図5　コシード・マドリレーニョ
首都マドリードを代表する郷土料理。これにも、ガルバンソは欠かせない。

図6　ポタヘ・デ・ビヒリア
精進の日に食卓にのる。

果、イベリア半島は保存食の宝庫のようになった。それというのもこの地の過酷な自然条件が、占領民族に「食料の確保」という根本的な課題を強いた結果とみることができるだろう。

こうして培われた保存食の伝統は長く引き継がれ、現代もなおスペインの食生活のなかで大きな役割を果たしているのである。

ローマ帝国と生ハム——優れた食材と銀の道

ローマ帝国の時代には、イベリア半島は重要な資源の供給地となる。金、銀などの鉱山資源に加えて、オリーブ、ワイン、ハムといった食材も、ローマ人たちが注目した資源であった。

彼らは輸送上重要な拠点として、グアダルキビール川河口に位置して内陸からの輸送に便利なセビリャと、地中海岸の主要な港であるタラゴナの二個所を確保した。したがって資源の輸送は、一方では半島を南北に縦断してセビリャに達するルートを辿って、もう一方ではタラゴナを中心とする地中海岸の港へ集められて、ローマへ送られることになる。行くところすべてに道を開くといわれたローマ人たちは、征服途上に建設した道や橋を、征服後には物資の移動にも活用するという方法で、資源の供給を可能にしていたのである。今でも、レオン

図7　サラソン
地中海沿岸のムルシア地方を中心としてつくられる魚介類の干物の総称。マグロの肉を干したモハマ、カラスミにあたるウエバス・デ・ムホルなどは、今もスペインの食卓をにぎわせている。

図8　ローマ時代の「銀の道」
エストレマドゥーラ地方に残る舗装道路の一部。

地方の山中からエストレマドゥーラ地方を南下してセビリャに至る「ビア・デ・ラ・プラタ（銀の道）」とよばれるローマ時代のルートには、ローマ時代の舗装道路跡が点在している。

タラゴナを中心とする地中海の港から運ばれた食材の中には、ローマ帝国独自の重要な食材、ガルムもあった。ガルムとは、ローマ帝国で好まれ珍重された魚醤の一種である。現在のカタルニアからムルシア地方にかけて製造されたものは最高級品とされていた。

また、ローマ人たちが目をつけた食材の中で現代に至るまでスペインの主要産物の一つとして重要性を保ち続けているのは、何と言ってもハモン（生ハム）だろう。スペインの生ハムは豚の後ろ足をいったん塩蔵してから一定の温度と湿度で発酵熟成させる発酵食品で、ハモン・セラーノ（山のハム）と呼ばれ、名前のとおり高度の高い山岳地帯を中心として、夏と冬、昼と夜の極端な温度差、山から吹き降ろす風、そこに発生する独特のカビといった気候条件を生かしてつくられる。そのままでワインのつまみに、パンに挟んでサンドウィッチに、料理の味付けにと、ハモンはスペインの食卓でさまざまなかたちで活躍している。

なかでもイベリコ種と呼ばれる希少価値の高い豚の品種からつくら

図9　ハモン・セラーノ
スペイン独自のハム。

図10　イベリア半島だけの品種、イベリコ豚
この豚でつくるハモン・イベリコは珍重される。なかでも放牧して樫の木のドングリを食べさせたものはイベリコ・デ・ベジョータとよばれる貴重なハムとなる。

れるハモンは「ハモン・イベリコ」とよばれ、スペインのみならず世界的に高品質な生ハムの代表的なものとして高く評価されている。

アラブ民族と米――灌漑と農業の発展

西ゴートやユダヤなどさまざまな民族の流入の後、アフリカ大陸から渡ってきたアラブ民族はイベリア半島の大部分へと勢力を広げ、その支配は地方によっては数百年にも及んだ。

彼らはイベリア半島にアル・アンダルスとよばれる文化圏を築き、建築、天文学、医学などさまざまな面に足跡を残したが、食文化にも重要な影響を及ぼした。この地に優れた灌漑設備をもたらし、イベリア半島の大部分を農耕可能な土地としたのである。

なかでも注目したいのは、米の栽培である。米そのものはローマ時代からイベリア半島に存在したが、大規模な栽培を定着させたのはイスラム教徒であった。彼らが最初に米の栽培を始めたバレンシア地方は、今もスペインの米所として名高い。現在では、アンダルシア地方、北部エブロ川流域にも広い米栽培地帯がある。生産量ではバレンシアを上回る地域もあるが、スペインの米料理の大部分は、一九世紀末まで広大な稲作地帯を有していたバレンシアで生まれたものといっても

図11　パエリヤ
バレンシアの農作地帯の伝統料理。もともとはウサギやカタツムリの入る山の料理。

過言ではない。

スペインの米料理といえば最もポピュラーで、外国でも知られているのはパエリヤだろう。これは、同じ名前の鉄鍋に由来して名付けられた料理で、鍋が生まれた一九世紀まで存在していなかった。それ以前のスペインの米料理の大部分はカスエラ・デ・バロ（素焼きの土鍋）を使用していたのだ。土鍋による調理と米という素材が組み合わさったことで、スペイン独自の米料理の体系がかたちづくられてきたのである。

ちなみに、日本で最も知られているパエリヤはシーフードがふんだんに入った観光客向けのものだが、元々は「パエリヤ・デ・カンポ」と呼ばれる山の料理で、白インゲン、インゲン、ウサギの肉、カタツムリを材料とするのが基本形である。

さらに、食文化におけるアラブの遺産を語るうえで見逃せないのは、ポストレ（デザート）である。現在でも、スペイン菓子の多くはイスラムの影響を留めている。アーモンドと蜂蜜を固めたトゥロン、各地のクリスマス菓子、さまざまな揚げ菓子など、スペイン菓子の特徴はそのままイスラムの嗜好そのものだといえる。

図13　シーフードのミックスフライ
アンダルシア地方マラガの名物料理。オリーブオイルで揚げるという調理法も、アラブ民族が根付かせた嗜好。

図12　スペインの菓子
トゥロン、マサパンなどスペインのクリスマスに欠かせない菓子の多くは、アーモンドやナッツ類をベースとするアラブ起源のもの。

カトリックと豚肉——食肉忌避が生んだ豚肉礼賛

イスラム教徒を放逐したカスティーリャ王国は、キリスト教国として初めてイベリア半島全土を統一していく。この国土回復戦争（レコンキスタ）は、灌漑されていた土地を羊の放牧以外に利用できない荒れ地に逆戻りさせてしまうが、スペイン各地の伝統料理の土台がこの時代に生まれたことも否めない。

アラゴン王国は地中海に向かって開けた国で、一時期はナポリ王国、ミラノ公国を含むイタリアのかなりの部分も領土としていたため、ここからイタリア系列の食文化がイベリア半島へと入ってきた。一六世紀にカタルニアで出版されて人気を博したという料理本の著者ルペルト・デ・ノーラも、アラゴン王国から派遣されて長年ナポリ王の宮廷で働いていた料理人だった。彼の本には、イベリア半島ではまだ知られていなかった魚の調理法や、当時のナポリで人気があった料理などが紹介されている。

それに対して内陸部を中心とするカスティーリャ王国の食生活は、まだまだ原始的で洗練からはほど遠いものであった。その最も代表的な料理がアサードとオーリャである。アサードとは、丸ごとの羊、牛、豚、野鳥などを火で炙って焼く豪快な料理で、裕福な階級の料理、あ

図 14　中央部の羊の放牧

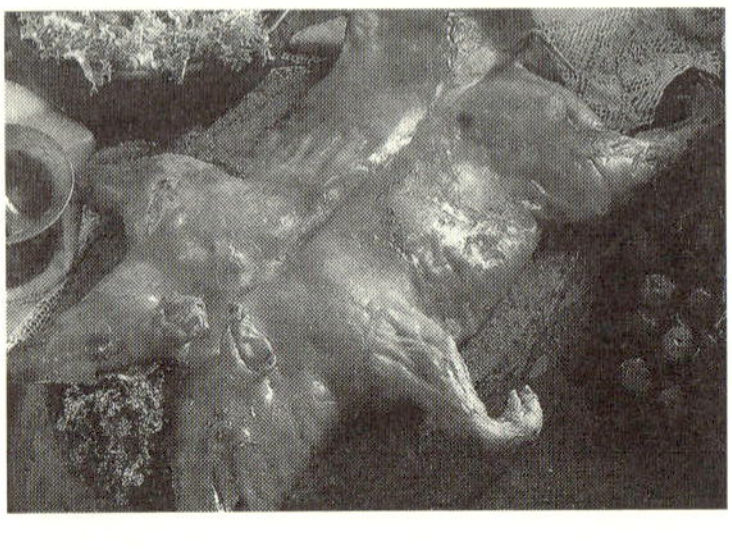

図 15　アサード
特にコチニージョ（仔豚の丸焼き）は、現代でもスペイン中央部の人々の特別なご馳走。

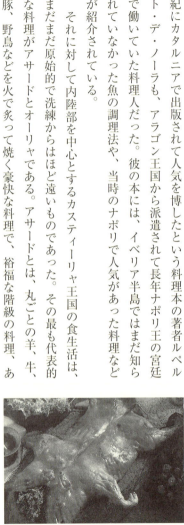

るいは庶民にとっては特別な日のご馳走であった。このアサードへの嗜好は、現代スペインでも変わることなく受け継がれ、今もスペイン人にとってのご馳走のトップには、コチニージョ（仔豚の丸焼き）を始めとするアサードが位置していることからも、その存在の大きさがうかがわれる。

一方、オーリャとは煮込み用の深い鍋の名前だが、この鍋に肉、野菜などを入れて煮る料理もオーリャとよぶ。この料理は『ドン・キホーテ』にも登場するが、質素な庶民の食卓から王侯貴族の食卓にまで幅広く登場した。オーリャはやがてコシードと名を変え、現在ではマドリードの「コシード・マドリレーニョ」を筆頭に、各地方の欠かせない伝統料理として定着している。

ところで、現代のコシードには豚肉が欠かせないが、昔からそうだったわけではない。

カスティーリャ王国が徹底的な異教徒の排斥に取り掛かると、彼らがスペイン国内に残るには、キリスト教へ改宗するしかなくなった。そこで、改宗者の真偽を問う手段として、イスラム教徒もユダヤ教徒も宗教上の戒律で食べない豚肉が用いられるようになったのである。すなわち、豚肉を入れたコシードを食べることは、改宗者たちにとっ

図16　大きな煮込み鍋オーリャ
『ドン・キホーテ』にも登場する。

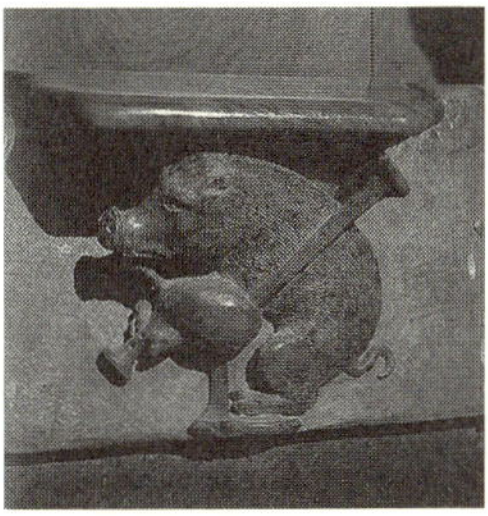

図17　豚の彫刻
豚はカトリックの象徴となり、教会の中の彫刻にも登場している。

て一種の踏み絵となり、豚肉を食べていないと密告されると過酷な異端審問が待っているという時代が始まる。

こうして、以後のスペインの食卓には、それまで以上に豚肉の存在が重要なものとなっていく。とはいえ、豚肉の主な用途はあくまでハモン、チョリッソ[1]、モルシージャ[2]、ブティファラ[3]など、各地に特有のハム、腸詰類といった豚肉加工食品であることも知っていてほしい。

アメリカ大陸とジャガイモ・トマト——ヨーロッパを救った野菜たち

カスティーリャ王国がパトロンとなって実現した新大陸への航海は、スペインの食文化を大きく変化させることになる。ジャガイモ、トマト、ピーマン、チョコレート。アメリカ大陸からやって来たこれらの食材抜きのスペイン料理、いやヨーロッパ各国の料理が想像できるだろうか？　一六世紀以降、各地の料理の中に次第に根付いていったこれらの食材は、スペインを始めヨーロッパの食卓を潤してきてくれたのである。

トマトは今やスペイン料理になくてはならない食材の一つだが、トマトの登場によって変身した料理もある。その代表的なものが、アンダルシア地方の冷たいスープ、ガスパッチョ・アンダルスである。

1　パプリカを主な香辛料として用いる腸詰め。スペインのほとんど全土でつくられ消費されている。
2　豚の血を固めてつくる腸詰めで、玉ねぎを使うアストゥリアス風、米を加えるブルゴス風などが有名。
3　カタルーニャ地方を中心に好まれる胡椒味の腸詰め。

図18　ガスパッチョ・アンダルス
アメリカからトマトが到着して変身した料理。トマトがない時代には、ニンニク、パン、オリーブオイルだけでつくられていた。

もともとのガスパッチョはニンニク、パン、オリーブオイルの三つの材料でつくられ、この原型に近いものが「アホ・ブランコ」の名前でマラガ、グラナダなどに今も残っている。そこへトマトが登場して、ガスパッチョの主流は現在見られるようなトマトベースのものになったのだ。

ジャガイモは、スペインの一般の食卓に上るまでに、トマトより長い時間がかかっている。根菜を食べる習慣が余りなかったこと、地上に出ている部分に毒性があることが、薬用には使えても食用にならないという偏見を招いたためである。しかしその後、ガリシアの修道院で試験的な栽培をした結果、食用に耐え得ることが発見され、次第に定着した。当時の修道院が、薬を開発するなどの科学的な役割も担っていたことが、この事例からもわかる。次第にヨーロッパ全土に広がっていったジャガイモは、いくつもの国で食料危機を乗り越えるための重要な食材となっていく。

スペイン人の大好きなトルティージャ[4]は、このジャガイモがなくては出来ない。たっぷりのジャガイモをオリーブオイルで煮込み、卵に加えて焼く。朝食に、お弁当のサンドウィッチの中身として、おつまみに、夕食にと、一日中食卓に登場する人気者である。

図 19　トルティージャ
ヨーロッパの多くの国を飢饉から救ったジャガイモは、スペインでもさまざまな料理に使われている。なかでもトルティージャ（スペインのオムレツ）は、ジャガイモを主材料とする代表的な家庭料理。フライパンの形に丸く焼くのも特徴。

4　アンケートなどでも最も好きな料理、家庭で食べたい料理、家族または自分でつくる料理として、スペイン人の多くがトルティージャを１位に選んでいる。

新バスク料理の誕生――豊かな食文化のスタート

一九八〇年代にフランスで始まったヌーヴェル・クイジーヌ（新しい料理の波）は、スペインにも到達した。きっかけは、バスク地方の町サン・セバスチャンのシェフたちが新しいフランス料理に触れ、大きな衝撃を受けたことだった。スペイン料理が世界の動きから取り残されてしまうと危惧した彼らは、一九八六年「新バスク料理」と呼ばれる運動を組織し、ここから現代スペインにおける美食の歴史が始まることになる。

もともと、サン・セバスチャンは、ピンチョスとよばれる独自のタパスの形態が生まれ発達してきたことからもわかるように、特に美食度の高い町として知られてきた。豊かな土地、豊かな産業。そこから生まれる人々の経済レベルの高さ。こういった条件に加えて、夏には王室や政府が移動してくるほど富裕層を対象とした避暑地であったことが、この町にレストラン文化を開花させたのである。

新バスク料理の主な趣旨は、まず昔からのバスク料理のレシピを見直す、バスク本来の素材について改めて学ぶ、そして新しい素材を研究する、といった内容であったが、何より画期的だったのは、この町の代表的なレストランのオーナーシェフたちが集まり、協力し合って

図 20　風光明媚なサン・セバスチャンの海岸ラ・コンチャ
ここを中心として高級レストランやバルが立ち並ぶ。

図 21　ピンチョスの並ぶバル
少量で手軽に食べられるピンチョスは、美食意識の高いバスクならでは。

運動を進めていったことだろう。競うのではなく共存する道を選んだことで、バスクはスペインのほかの地方に大きく差をつけるかたちで、新しい美食のステップに進むことができたのである。

それまで何世紀もの間、スペイン人にとってのご馳走とは「ふんだんに食べ物があること」だった。長い飢えと貧窮の時代にはそれは当然のことであったが、新バスク料理では、「量から質へ」への転換が図られた。伝統的なバスク料理が、美しく洗練された盛り付けで、的確な量で出されることに、人々は「豊かなスペイン」を実感したといってもいいだろう。

また、この運動に参加していたシェフの一人カルロス・アルギニャーノが、テレビの料理番組で一躍茶の間のスターとなったことは、人々が「レストラン名」ではなく「シェフの名前」でレストランを選択するという時代の到来のきっかけとなった。

次のステップでスペイン料理界に現れるのは、カタルーニャ地方が生んだ天才シェフ、フェラン・アドリアだが、新バスク料理という土台があったからこそ彼のようなスターが現れることができたのだということも、改めて特記しておきたい。

図22　サン・セバスチャンの料理人たち
彼らが新バスク料理の改革に立ち上がり、現代の美食の土台をつくった。

美食の国スペイン——エル・ブジがもたらしたもの

欧州共同体（ＥＣ）加盟後のスペインは、紆余曲折を辿りながら、ついにバブルとしか表現できない高度経済成長期を迎える。この経済成長は少なくとも一つの大きな収穫を生んだ。それがレストラン「エル・ブジ」の出現、最先端の美食国として世界の注目をスペインへと集めたシェフ、フェラン・アドリアの登場である。

「エル・ブジ」はカタルーニャ北部の港町ロサスの外れにある。避暑客向けの優雅なレストランに過ぎなかったが、フェランがシェフとして起用され、やがて経営者としても加わって新しい「エル・ブジ」を展開していくに連れて、今までにない新しい料理の世界がここに出現したことが明らかになってきた。

フェランの成し遂げたことはいろいろあるが、まず重要なのは、彼がスペインに根強く残っていた地方料理の壁を壊したことだろう。「自分の料理はスペイン料理でもカタルーニャ料理でもない、あくまで自分個人の創作料理だ」と言い切る彼に続いて、新しい料理の世界を模索する若い料理人たちが各地に溢れている。

彼が生み出した新しい料理の展開の中から、テクスチャアという概念を紹介したい。テクスチャアとは、料理の質感をさす。これにピン

図 24 「パン・コン・トマテ」
テクスチャアの組合せを意識したオリジナル料理。トマトの部分は、エスプーマ（泡）になっている。

図 23 「エル・ブジ」の料理スタジオ
ここからまったく新しい発想の料理が続々と誕生した。

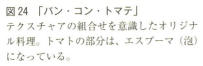

トをあてて料理をつくり変えていくことで、例えば液体に何も加えないで泡状にするエスプーマ、アイスクリームを粉状にしたポルボ・エラードなど、独自の調理法を生み出している。しかし実は、料理において質感を重視するというのは日本料理の特徴であり、フェラン自身も日本料理からアイデアを得たと語っている。

フェランは日本料理に傾倒し、素材だけでなく美学としても取り入れてきた数少ないシェフである。そして、彼がきっかけとなって今、スペインでは日本の食文化に対して大きな関心が寄せられるようになっている。

フェランが成し遂げたのは、料理そのものの改革だけではない。料理のレシピをすべて公開する、チームで新しい料理を創作していくなど、従来のレストラン業界では考えられなかった観念を次々と現実のものにしたのである。さらに、二〇一二年に店を閉めた後は、これまでの料理の進歩の膨大な情報を後進に教え伝えるという事業を「エル・ブジ財団」というかたちで展開しつつある。料理人が自分のレストランで働くだけでなく、自分の知識を社会へ還元していくという発想は、間違いなく二一世紀の料理の世界をより一層豊かなものにしていくだろう。

図25　フェラン・アドレア
エル・ブジの築いた新しい食の世界は、スペインのみならず世界の料理人たちに受け継がれて発展しつつある。

9 『ドン・キホーテ』 *Don Quixote*

本田誠二

『ドン・キホーテ』という作品が世に出るまで

スペインの小説家ミゲル・デ・セルバンテス（一五四七〜一六一六）の代表作『ドン・キホーテ』は前篇・後篇の二部からなっていて、前篇（一六〇五）は五八歳のとき、後篇（一六一五）は六八歳のときの作品である。特に後篇は作者が死ぬ一年前に出版された。『ドン・キホーテ』はセルバンテスの数ある作品の中で最も当たりとなった小説であり、それによってセルバンテスの名はスペイン文学のみならず、世界文学史上の金字塔として高い評価を受けている。しかし『ドン・キホーテ』の何がそれほどの高い評価を生んだのかという点に関しては、評者の間でも一致した見解はないように思われる。

セルバンテスはトルコの海賊に襲われて、アルジェで五年間の捕虜生活（一五八〇〜八五）を送った。その後、身請けされて祖国スペインに戻ってから最初に世に出した作品が、恋と冒険の織りなす理想主義的な牧人小説『ラ・ガラテア』（一五八五）であった。これは作者

PRIMERA PARTE
DE LA GALATEA,
DIVIDIDA EN SEYS LIBROS.
Cōpuesta por Miguel de Ceruantes.
Dirigida al Illustrissi. señor Ascanio Colona Abad de sancta Sofia.
CON PRIVILEGIO.
Impressa en Alcala por Iuan Gracian.
Año de 1585.
A costa de Blas de Robles mercader de libros.

図１（右）『ラ・ガラテア』初版（1585）
本田誠二訳『ラ・ガラテア／パルナソ山への旅』行路社、1999 がある。

図２（左）『ラ・ガラテア』の主人公エリシオとエラストロ
二人は同じ女性ガラテアを愛するが、ともに深い友情で結ばれている。

自身が言うように「詩（verso）よりも不幸に精通（versado）した」境遇にあったセルバンテスが、全力を込めて著した処女作ではあったが、小説技法のポイントである「創意」と「配置」[1]において不完全であって、物語は完結せず、中途半端なかたちで終わってしまった。そのせいで作品の評判は良くなく、あまり売れなかったらしい。セルバンテスとしては汚名返上の意味を込めて、『ラ・ガラテア』後篇を出すことで何としても作品を完成させたいと念じながら、死ぬまでそれを果たすことはなかった。こうしたこだわりを最後まで引きずるかたちで二〇年後に世に出したのが、かの『ドン・キホーテ』（前篇）であった。作者にしてみれば起死回生の大勝負に出たのかもしれない。

『ドン・キホーテ』が世に出ると、たちまち売り切れたという。当時で一万二〇〇〇部というから相当なベストセラーである。滑稽譚の作者として評判は一気に高まり、当時本を読んで笑いこけている者はみな『ドン・キホーテ』を読んでいる、とまでいわれた。そこには「創意」と「配置」が見事に実現していたからである。

『ドン・キホーテ』——狂気と正気の二重奏

前篇の正式名称は『奇想天外な郷士ドン・キホーテ・デ・ラ・マン

EL INGENIOSO HIDALGO DON QVIXOTE DE LA MANCHA,
Compuesto por Miguel de Ceruantes Saauedra.
DIRIGIDO AL DVQVE DE BEIAR, Marques de Gibraleon, Conde de Benalcaçar, y Bañares, Vizconde de la Puebla de Alcozer, Señor de las villas de Capilla, Curiel, y Burguillos
Año, 1605.
CON PRIVILEGIO,
EN MADRID Por Iuan de la Cuesta.
Vendese en casa de Francisco de Robles, librero del Rey nro señor

図3 『ドン・キホーテ』前篇初版

1 「創意」と「配置」とは、ギリシア・ローマの古典的修辞法でいう inventio と dispositio のこと。セルバンテスが学んだ新アリストテレス派の文芸理論家アロンソ・ロペス・ピンシアーノの『古代詩哲学』（1596）によれば、それこそ詩の目的であり、詩学と歴史が各々の立場で与える資質のことである。「歴史でもなければ詩でもない、すべてを包摂する真実味」をドン・キホーテとサンチョの二人の人物の中に達成したことで、『ドン・キホーテ』は「最初の偉大な心理小説」（E. C. Riley）となった。

チャ』であり、後篇は『奇想天外な騎士ドン・キホーテ・デ・ラ・マンチャ』となっている。前篇の「郷士」は後篇では「騎士」と変わっている。名称の違いは二つの作品の性格の違いを示唆している。つまり前篇（全五二章）ではアロンソ・キハーノという郷士（下級貴族）が、当時流行をみた『アマディウス・デ・ガウラ』をはじめとする騎士道本の読み過ぎで狂気を発症し、自らをありもしない物語上の「遍歴の騎士」に擬して、隣人サンチョを従えて、行く先々で遭遇するさまざまな痛ましい冒険について語られる。つまり現実の郷士たる人間の途方もない出来事が批判的に扱われているのである。

一方、一〇年後に出た後篇（全七四章）では、自分勝手に騎士と称してドタバタを繰り広げたドン・キホーテの行状記である『ドン・キホーテ』（前篇）が出版され、それを読んだ読者（これも作品の登場人物）たちが現実のドン・キホーテ主従と出会うという、これこそタイトルのように奇想天外とでも言うべきモチーフで物語が展開してゆくのである。当時の一般読者は、作中の『ドン・キホーテ』の読者と同じ次元に立ってドン・キホーテと出会うという仕掛けになっている。

後篇では、騎士道本の愛読者でかつ『ドン・キホーテ』前篇を夫婦で読んでいるという公爵夫妻[2]が登場し、目の前のドン・キホーテが本

図４　主従が公爵夫妻と出会う場面（後篇 30 章）

「その方のことは、とうからこの辺りでは、いろいろとお噂を聞き知っていました。《憂い顔の騎士》と申すような偉い騎士の従士ともあろう人が、そうやって跪いていることなんてことはいけませんわ」と公爵夫人。

の中のドン・キホーテかどうか確かめたいという気持ちと、彼らをからかって楽しもうという目的で、ドン・キホーテに向かって騎士道本の内容はすべて正しいと、ドン・キホーテの狂気の信憑性を裏書きしてしまうのである。そのときドン・キホーテは初めて自分が真実の遍歴の騎士だと確信するに至る（ということはその時点までは自らを真実の騎士としては認めていなかったことになる）。ここにドン・キホーテの狂気の虚構性とともに彼の悲劇性というものがある。言わばドン・キホーテは最初、騎士道本を読むことで狂気を得、次に自らの狂気が読まれることで再び狂気に陥るのである[3]。二度にわたって狂気を得たドン・キホーテには正気という死が待っているだけである。こうしてドン・キホーテは次第に懐疑的となり、現実を直視せざるを得なくなり、幻滅して気力を喪失したあげく、病床に就いて死を迎えることとなる。後篇のモチーフに何とも物悲しい人生の悲哀とアイロニーが感じられるのは、前篇出版から一〇年の間に起きた、作者の人生のさまざまな出来事が背景にあったからであろう。

『ドン・キホーテ』前篇の物語性

ドン・キホーテという人物はかつて、ラ・マンチャの善良な郷士ア

2　後篇に登場する「公爵夫妻」は、前篇のドン・フェルナンドと同様、大貴族でありながら、主従を愚弄することしか関心のない、品位に欠ける人物である。セルバンテスは社会的な地位や身分において、ほかを圧しはすれども、内面の人格、道徳的にみて卑しい行動をとる人間、貴族の名に値しない人間を、否定的に描いた。例えば、公爵の息子ドン・フェルナンドが、結婚を餌に貞節を奪った百姓娘ドロテーアのとの結婚を反故にして、友人カルデニオの恋人ルシンダを横取りして結婚しようとした反社会的行動ゆえに、ドロテーアをドン・フェルナンドに勝る人物として描いたのもその表れである。ドロテーアはサンチョと同様、旧キリスト教徒であった。

3　カルロス・フェンテス『セルバンテスまたは読みの批判』（原書 1975 年刊。牛島信明訳、長肆薔薇の風、1982）より

ロンソ・キハーノ某（はっきりした名前は不明）であり、読書好きが嵩じて本の中の出来事を現実に生起したことだと強弁し、それを受け入れない人間との間にさまざまな摩擦軋轢を引き起こす。当時流行をみた騎士道本をこよなく愛する主人公は、本の中で出会ったある複雑な構造の詩文の意味を考えているうちに、意味が分からず「頭が干からびて」狂気を発症したとされる。彼は自らを勇猛果敢な騎士道本の英雄になったつもりで振舞うが、周囲の人々は時代錯誤の人物の登場に戸惑い、行き違いから怒ってドン・キホーテに石つぶてやら棒打ちを食らわせ、さんざん痛い目に遭わせる。

ドン・キホーテは目にするものすべてを騎士道本の中で読んだものに置き換えて解釈する。砂煙をあげて突進してくる羊の群れは仇なす敵の軍勢であり、羽根を回す風車は棍棒を振り回す巨人であり、旅籠は名高い城であり、その主人と女中は城主と上臈《じょうろう》の淑女である。近所でちらっと見かけただけの百姓娘アルドンサ（モーロ娘）は、比類なき麗しのドゥルシネーア姫となり、隣人の大学生サンソン・カラスコは「銀月の騎士」となる。ことほど左様に、ドン・キホーテの頭の中ではすべてが架空の騎士道世界の再現となる。しかし彼の言うことをまったく意に介しない者たちが彼に食らわせる肉体的苦痛は現実的で

図 5　騎士道本の代表格ガルシ・ロドリーゲス・デ・モンタルボ『アマディス・デ・ガウラ』4 巻本 (1508, 1533)
アマディス・デ・ガウラはゴール（ウェールズ）のペリオン王とブルターニュのエリセナ王女との間の子で、幼くして捨てられ、実の両親を知らず、自らの出生の秘密を抱えたまま、大ブリテン王リスアルテの娘オリアナと恋に落ちるが、遍歴の騎士としてさまざまな試練を乗り越えてオリアナ姫と結ばれる。ドン・キホーテは愛と武勇に秀でたアマディスを模範として、その模倣をし、シエーラ・モレーナ山で苦行の狂態を演じてみせた（前篇 25 章）。

ある。いくら霊薬を処方しても効き目はない。こうした主人公の主観的虚構と、周りの世界の客観的現実との衝突や食い違いを、面白おかしく描いたのが『ドン・キホーテ』前篇である。

『ドン・キホーテ』後篇の見どころ

　後篇では、ドン・キホーテ主従はサラマンカから戻ったサンソン・カラスコの口から、自分たちの行状を記した書物が広く世に出回っていることを聞かされる。何と、主従は物語の主人公でありながら、同時に自らの物語の読者たちと遭遇するのである。騎士道本や牧人小説をはじめセルバンテス以前の文学で、このような突飛なことを考えついた作家は一人としていない。出版された『ドン・キホーテ』（前篇）の話の中で何が一番人気があったかという議論で、読者側の一方の見方では、主人公とビスカヤ人との一騎打ちを含めた、聖ベニート派の二巨人との冒険であった、とされる。これは『ドン・キホーテ』全体で最も有名なエピソード、風車の冒険（前篇八章）に引き続いて起きた出来事である。ご存知、ドン・キホーテは風車を巨人と見なして、問答無用で見境いなくそれに突っかかっていくが、こっぴどく撥ねつけられてしまう。これは主人公が騎士道本の中の巨人とみなして攻撃

図6　ドン・キホーテの風車の冒険（前篇8章）
　サンチョは主人のドン・キホーテに何度もあそこに見える30か、40もの腕を振り回すものたちは、おっしゃるようなとてつもない邪悪な〈巨人〉などではなくて、単なる風車ですよと、たしなめるが、ドン・キホーテは卑怯でさもしい巨人らだと言い張り、そのあげくに、勇敢にもたった一人で立ち向かい、羽根に突き飛ばされてしまう。『ドン・キホーテ』で最も有名な場面。狂人ドン・キホーテが突っかかっていった「巨人」とは一つの譬えである。

しようとした対象が、実はスペイン社会を支配する二つの大きな権力であったことを暗示している。つまりビスカヤ人（バスク人）は「生来の騎士」だと主張するが、自分勝手になった「なり立ての騎士」たるドン・キホーテはそれを聞いて激高し、ならば一騎打ちでどちらが正しいか力で解決しようとするのである。「生来の騎士」とは血統の純粋さ（異教徒の血が一滴も混じらぬ血筋の純粋さ、生まれながらの貴族性）を有しているということで、それがドン・キホーテにはどうしても許せなかったのである。

　また巨人に擬された聖ベニート派（ベネディクト派）の修道士は、宗教界・精神界を支配する人々であり、誰も刃向うことはできなかった。当時のスペインは異端審問所の目が人々の行動を絶えず監視する息苦しい社会であった。こうした社会に風穴を開けようとすれば、狂人が暴力的なかたちで突っかかっていくしか方法がなかった。セルバンテス自身がユダヤ人の血を引いていたコンベルソ（ユダヤ人改宗者）の可能性が高かったことを鑑みるに、異端審問所に目をつけられていたことを忘れてはいけない。彼は狂気の騎士によって、修道士や生来の貴族らの支配する社会に痛撃を与えようとしたのである。今も当時も狂人による犯罪は罰せられることはなかった。

図７　ドン・キホーテ主従は聖ベニート派の修道士および同行するビスカヤ人と遭遇する（前篇８章）
ドン・キホーテは二人の修道士が「旅行用の眼鏡をかけ、日傘をさして、ラクダにも劣らぬ大きさの雌ラバに乗って」姿を現したのを目にし、相手の異形な風体を見て、はなから「妖術師」と決めつけ、極悪非道な痴れ者と呼ばわって突っかかっていく。同行する馬車には貴婦人が乗っていて、ドン・キホーテはその従士のビスカヤ人ともひと悶着起こす。このエピソードが風車の冒険の後に続くことが重要である。つまり風車を巨人とみなして突っかかっていった相手とは、実はこうした連中だったのである。

ドン・キホーテとサンチョの対話

この両者は物語を構成する必須の登場人物だが、彼らが織りなす人間関係を理解しなければ、作者の意図はわからないだろう。ドン・キホーテのモデル、アロンソ・キハーノ（?）は作者が「名前を思い出したくないラ・マンチャのとある村」で生まれた郷士である。研究によってこの村はトレード近郊のエスキビアスであったということになっている。この村はブドウ酒とコンベルソの富裕郷士の館が軒を連ねていることで有名であった。この村に暮らしたアロンソ・キハーダと言う実在の人物はセルバンテスの若い妻カタリーナ・デ・サラサールの親戚筋の人物で、ドン・キホーテのモデルとされている。ドン・キホーテは百姓サンチョを伴って旅に出るが、かつて豚飼いであった彼は、太鼓腹に「四指幅もの脂肪を貯めこんだ」旧キリスト教徒（血の純潔）であることを誇りとしていた。サンチョに言わせると「それだけで伯爵になるのに十分」な資質であった。しかし、ドン・キホーテに言わせると、そんな条件すら必要なかったのである[4]。この二人は身分も血統も違うが、同郷のこよなく仲の良い友人同士であり、正しく『ドン・キホーテ』は全篇がドン・キホーテとサンチョの対話といってもいいくらい、互いによく語り合い、心を通じ合わせている。

4　新旧キリスト教徒が対立する中で、キリスト教徒とユダヤ教徒とイスラム教徒が仲良く共存して、人間らしく暮らしていたかつての時代を、笑いとペーソスの中で人々の心に再現するのがセルバンテスの目論見であった。

図8　ドン・キホーテとサンチョ
『ドン・キホーテ』の楽しさは物語そのものよりも、身分や立場の異なる二人の間で取り交わされる会話自体にある。

10 サグラダ・ファミリア
Sagrada Família

木下泰男

バシリカとなったサグラダ・ファミリア

二〇一〇年一一月六日、スペインでは国をあげて、ローマ教皇・ベネディクト一六世（在位二〇〇五～一三）の訪問を歓迎していた。そして、聖ヤコブが眠るサンティアゴ・デ・コンポステーラの大聖堂において、「荘厳ミサ」が挙げられた。翌七日、教皇がバルセロナに入る際、その車列の沿道は歓喜する市民で埋め尽くされていた。

サグラダ・ファミリア聖堂を訪れた教皇は、真新しい中央身廊において、大司教、司教、神父など聖職者ら六五〇〇人が参列する「聖別ミサ」で八〇〇人の聖歌隊の歌声が響き渡る中、聖水を注いだ。着工から一二八年目にして、サグラダ・ファミリア聖堂がローマ教皇庁から正式に認定され、「バシリカ」（上位教会堂の称号）となった瞬間であった。この教会堂の正式名称は、「Temple Expiatori de la Sagrada Família（聖家族贖罪聖堂）」という。

この聖堂は、地中海を臨む都市バルセロナを象徴する建築物として

図1　ローマ教皇のミサの模様を報じた新聞
『ラ・ヴァンガルディア』と『エル・ペリオディコ』

図2　サグラダ・ファミリア聖堂「誕生のファサード」（1989）側全景
4本の鐘塔（左から聖ベルナベ・聖シモン・聖フーダス・聖マティアス）を頂く。ガウディが完成を見た唯一の鐘塔が聖ベルナベ。

知られる。設計を手掛けたのは、アントニ・ガウディである。この偉大なる建築家は、幾何学・自然主義のもと、カテナリー（懸垂曲線）を巧みに建築化し、自然界の多彩なモチーフや聖書に基づく彫刻を施した。一二世紀の「黒い聖母像」発見以来、カタルーニャ人の魂の聖地となった「モンセラッ」を象徴する「神の家」「石の聖書」として、未完部分の建設を後世に委ね、現在に至っている。

ガウディが設計を手掛ける以前のクリプタ（地下聖堂）の様式は、ネオ・ゴシック様式であった。一方、同時代、ヨーロッパの産業革命に伴う活気に溢れた近代化が、フランスの「アール・ヌーボー」、オーストリアの「ゼゼッション」、ドイツの「ユーゲント・シュティル」、イタリアの「リバティ」などの芸術運動を生み出していた。

その流れは、経済的な成功に呼応するかのように、ガウディが活躍するカタルーニャにも波及した。そして、芸術文化の復興運動と自由と団結を強調する「カタルーニャ主義」に基づく個性豊かな造形を昇華させた「カタルーニャ・モデルニスモ」（近代主義）様式を生んだのである。その結晶ともいえるサグラダ・ファミリア聖堂は、「アントニ・ガウディの建築群」の一つとして、二〇〇五年、世界遺産に追加登録された。

図3　アントニ・ガウディ・コルネット（1852-1926）
カタルーニャ州タラゴナのリウドムスに生まれる。父母ともに銅細工職人の家系である。1873年（21歳）バルセロナ建築専門学校入学。1878年（26歳）卒業し、建築家の資格取得。パトロンのエウセビオ・グエル氏と出会う。1879年（27歳）ガウディの装飾についての方法と聖堂のヴィジョンが思索された『日記装飾論』を執筆。ガウディの円熟期を代表する作品に「カサ・バトリョ」（1904-06）、「カサ・ミラ」（1906-10）、「グエル公園」（1900-14）、「パルマ大聖堂修復」（1904-14）、「コロニア・グエル地下聖堂」（1908-14）がある。生涯独身で過ごし、1926年6月7日（享年74歳）、聖堂クリプタに埋葬された。

ガウディが生涯をかけた聖堂建設

そもそも、サグラダ・ファミリア聖堂の建設を発願したのは、カタルーニャで宗教書籍の出版業を営んでいたホセ・マリア・ボカベーリャ・ベルダゲールであった。ボカベーリャは、信仰心が篤く教養の高い精神的指導者で、一八六六年に「聖ヨセフ帰依者協会」を組織し、聖堂建設に向けて歩み始めた。バルセロナ司教区付きの建築家だったフランシスコ・パウラ・ビリャール・ロサーノが一八七七年に設計を引き受け、一八八二年に着工したものの、同協会の建設委員会を担う建築家ファン・マルトレール・モンテルスと意見が対立した。これにより、一八八三年、二代目の建築家として、当時無名だったガウディが若干三一歳で聖堂建設の主任建築家・建設総監督に就任することとなったのである。

ガウディはまず、一八九三〜一九〇三年にかけて「誕生のファサード」の建設を進め、一八九七年に中央の回廊を完成させた。また、一八九二〜一九一七年にかけて「受難のファサード」を設計し、一八九八年に中央身廊とボールト（アーチを組んだトンネル状の天井と屋根）案を発表した。続いて一九〇九年、カタルーニャ・ボールトを用いた波型屋根の聖堂付属仮設小学校を建設、一九一五年からは、

図 4（右） 聖地・聖山モンセラッ
山中にガウディの手がけた「第一の秘跡」(1903-16)の洞穴がある。

図 5（左） コロニア・グエル地下聖堂（1908-14）カテナリーの懸垂模型
逆さ吊り実験模型は、助手のベレンゲールらが担当し、製作に 10 年を要した。

中央身廊の構造と「栄光ファサード」の石膏模型を製作した。

なお、聖堂の象徴ともいえる「誕生のファサード」は、一九一八年に第一の鐘塔が完成し、一九二六年に設置されたピナクル（鐘塔頂華）が、ガウディの生前に完成を見た唯一の塔となった。ガウディ亡き後の聖堂建設には、七人の建築家達にその指揮が引き継がれたが、一九三六年七月一七日に勃発したスペイン内戦（〜一九三九年四月一日）においてクリプタが焼かれ、石膏模型も破壊されたほか、図面やデッサン、書類なども焼失している。

一九五〇年、「誕生のファサード」の残る三つの鐘塔が完成。一九五二年、「受難のファサード」の建設開始。一九五六年、中央身廊の列柱建設開始。一九七八年、「受難のファサード」が、二六年かけてようやく完成。二〇一〇年、聖堂の中央身廊の上部に樹冠の天井が架けられ、九代目主任建築家のジョルディ・ファウリが、ガウディの没後一〇〇年にあたる二〇二六年を、聖堂完成予定と発表した。

「石の聖書」としての教会堂の全体構想

サグラダ・ファミリア聖堂は、バシリカ形式（原初的教会建築の基本型）である。五身廊式の外陣と三廊式の袖廊に回廊をもつラテン十

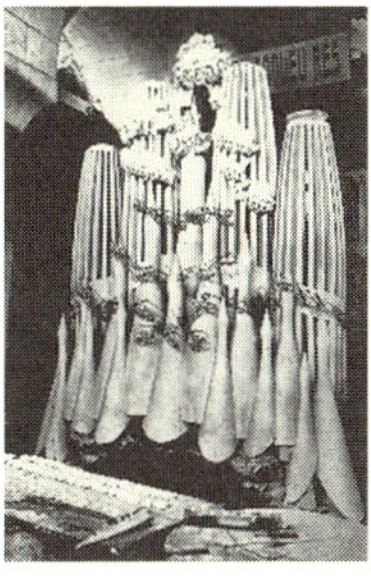

図6　「栄光のファサード」ボリューム石膏模型
大正面の設計は、聖堂完成最大の難問として後世に引き継がれた。「十戒」「ノアの方舟」「ナザレトの聖家族」が象徴され、鐘塔には白雲が取り巻き「使徒信経」が記される予定。

図7　ピナクル（鐘塔頂華）
司教が用いる儀式用の品々を三つの多面体の組合せの造形により色彩鮮やかに構成している。トップ孔から透過した光が街に降り注がれる。頂華の裾には「Hosanna Excelsis」の文字が刻まれている。

字平面にクリプタ、後陣に七個所の礼拝堂、内陣に主祭壇と全長九五メートルの中央身廊を擁し、一八本の鐘塔が天空にそびえ、光を放ち、音を奏でる構想である。

その一八本の鐘塔のうち、最も高い一七五メートルの「イエスの塔」が中央で、その後方に一四〇メートルの「聖母マリアの塔」、この周りに、四人の福音書家を象徴する一五〇メートルの鐘塔四本を配する予定もある。さらに、これら六本の主要鐘塔を囲むように三つのファサード（高さ一〇〇～一二〇メートル）の一二使徒を表した一二の鐘塔がそびえる。

身廊構成についてガウディは、教会堂内部を「森」とし、ギリシャ神殿の表現力とゴシック建築の構造力学の分析に基づいた。自然を範とする樹木構造に言及し、「聖堂＝森」のアナロジー（類推）に辿り着いたと考えられる。

東側には、イエスの誕生を彫刻した「誕生のファサード」、西側には、イエスの最後の晩餐、キリストの磔刑・復活・昇天を彫刻した「受難のファサード」、中央大正面の「栄光のファサード」にはノアの方舟、ナザレトの聖家族の家などが象徴的に表現される予定で、メインエントランスの上方には四本の鐘塔に巨大な白い雲が浮かぶクレド（使徒

図8 「受難のファサード」
「誕生のファサード」とは趣を異にする彫刻群は、カタルーニャの現代彫刻家J. M. スビラクスによる。作風が未だに物議を呼んでいる。西側の角地には、付属学校校舎（1908-09）が配置されている。

1　ガウディの建築創作には優れた助手たちがいる。なかでも、ジョゼップ・マリア・ジュジョール・ジーベルト（1878-1949）の存在は小さくない。

信教）の祈りが掲げられる。なお、このファサードの前面には階段と広場が設けられ、マジョルカ通りに橋梁が架かる構想である。

ガウディの造形思考

『レウス覚書』（レウス博物館蔵）の中でガウディは、多彩色建築の理念を「自然には何一つとして単調で画一的なものはない」と述べている。多彩色は、破砕タイルの被覆により実現されており、ガウディの豊かな創造性を具現化している。[1]「誕生のファサード」の石膏模型（一九一〇）の彩色構想では、中央の「慈愛の扉」にはイエス誕生の夜空の濃い青、「希望の扉」にはナイルの輝く緑、「信仰の扉」には信仰による世を照らす茜色の光を示唆する着彩表現をしている。

繰り返すが、この聖堂の構成は、ゴシック建築に絶対的な影響を受けている。一方で、鐘塔単体のクーポラ（ドーム、丸天井）には、六世紀の東ローマ帝国におけるビザンチン建築のペンデンティヴ（穹隅）の技術が意識されている。鐘塔下部を方形で築き、上部を円筒型に移行させ、徐々に細くなって放物回転体のクーポラを構成する。さらに上部のピナクルは、司教が典礼に用いる品々の司教冠、司教杖、ロザリオ、司教指輪などを象徴し、その造形は、正六面体・正八面体・正

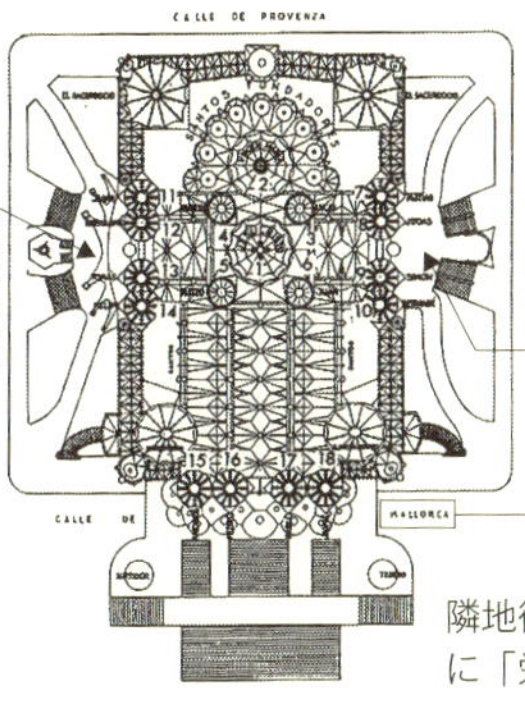
「受難のファサード」
隣地街区からマジョルカ通りを挟んで入口に「栄光のファサード」アプローチする

図9　配置・屋根伏図（塔の概念図）
中央に「イエスの塔」、後方に「聖母マリアの塔」。周囲に福音書家の「聖ルーカス」「聖マルコス」「聖マテオ」「聖ホアン」、さらにその周りに12使徒を表す塔が囲んでいる。

一二面体などを相貫・回転させて組み合わせた幾何学的な双晶（二つ以上の結晶が規則正しく結合）化で構成されている。こういった幾何学は、聖堂内の柱の造形にも及んでいる。

ガウディの自然に対する冷静な観察は、成長するユーカリの幹がみせる捻じれ面からなる二重螺旋の幾何学に辿り着く。身廊の柱は、根巻き部に六角形の丸角の星形断面を示し、上に行くほどフィレット（角）が増え、フルーティング（縦条溝）が小さくなり円に近付いていく造形である。そして、聖堂の採光開口部の造形は、「双曲線（線織）面」とし、柱が構造的に枝分かれする部分などには、「放物線面」の連続を応用した。ガウディは、これらの幾何学造形をカトリックの重要な教義である三位一体（御父と御子と聖霊）の象徴として重んじていた。

聖堂に込めたガウディの願い

では、ガウディは、なぜ、このような「聖堂」を構想したのか。一八九八年の米西戦争で惨敗したスペインに残された植民地は、北アフリカのモロッコだけになった。政府は、モロッコの独立闘争を鎮圧するために軍備の強化を計る。一九〇九年七月、バルセロナで、労働者階級が、モロッコ戦争反対と賃上げを要求し、ゼネラル・ストライ

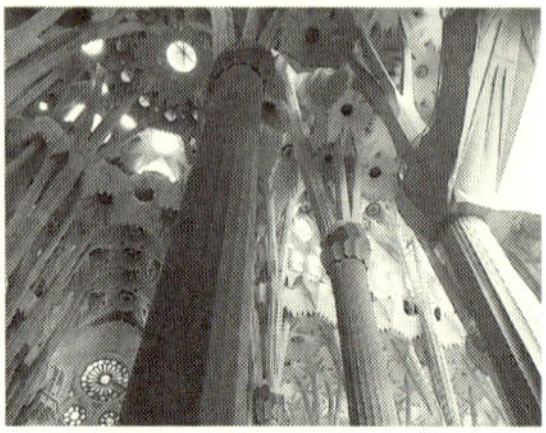

図10　身廊の列柱
身廊内には樹木が林立するかのように「フルーティング」を施した柱を配置し、その柱上方に結節部としての「節」を設け、放射状に枝分かれして天井ボールトを支える。

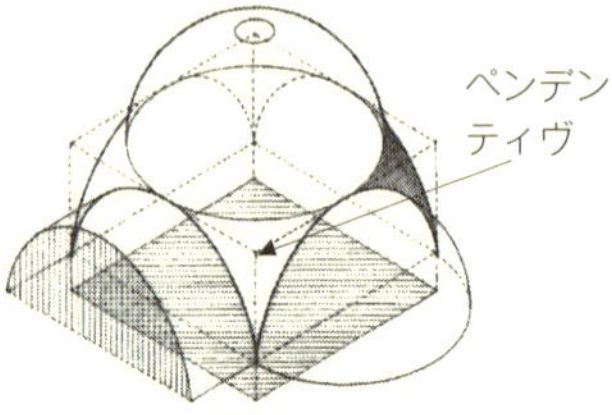

図11　ペンデンティヴ（穹隅）
隅部の曲面三角部分のこと。四角形と円形を幾何学的に合致させる施工法。

キ（以下、ゼネスト）に突入。政府は戒厳令を布告し、武装警官や軍隊の問答無用的な対応が、一週間後にゼネスト勢力を粉砕する。これが「悲劇の一週間」と呼ばれる事件であった。しかも、この事件の指導者と目された者は、死刑などを含む厳罰に処せられた。

また、一九一八年から二〇年にかけての「ボリシェヴィキの三年間」では激しい労働運動が頻発した。社会的混乱が暴力的な様相を帯びるようになった。二〇世紀になって、スペインの経済も破綻し、「教会」建設を中断せざるを得ない状況が何回もあった。その度にガウディは自分の財産を売却し、ついに「教会」の現場事務所の片隅で寝起きするようなった。一九二六年六月七日午後、ガウディは、「夕《ゆう》ミサ」に与かろうとして出かける途中で市電に轢かれたのだった。この貧しい身なりの老人を見て、誰もガウディだとは気が付かず、居合わせたタクシーも乗者拒否をする始末。彼は身元不明の行き倒れの老人として、救急車で慈善病院へ搬送され、そこで意識を回復しないまま三日後に亡くなった。

ガウディは、バルセロナの市民たちの留まることのない暴力、憎悪などをなんとか克服し、人間愛に目覚めてほしいと願い、その象徴として「聖家族」をモチーフにしたたに違いない。

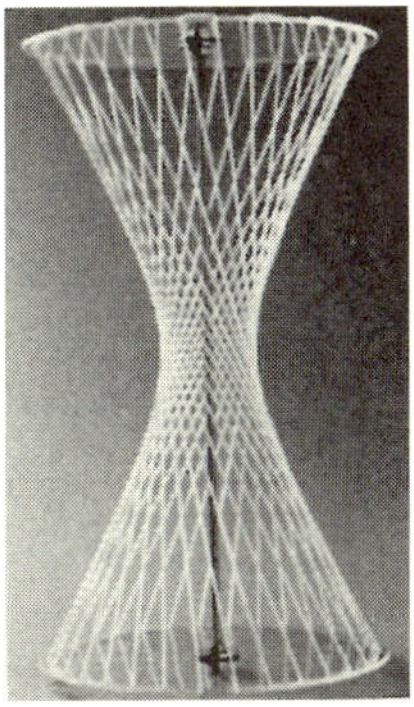

図12（右）　双曲線面線織面モデル
身廊の天井ボールトの樹冠採光開口部の造形に応用された。
図13（左）　放物線面モデル
柱の幹から節を通って枝分かれする構造造形に応用された。身廊のボールト天井を支えている。

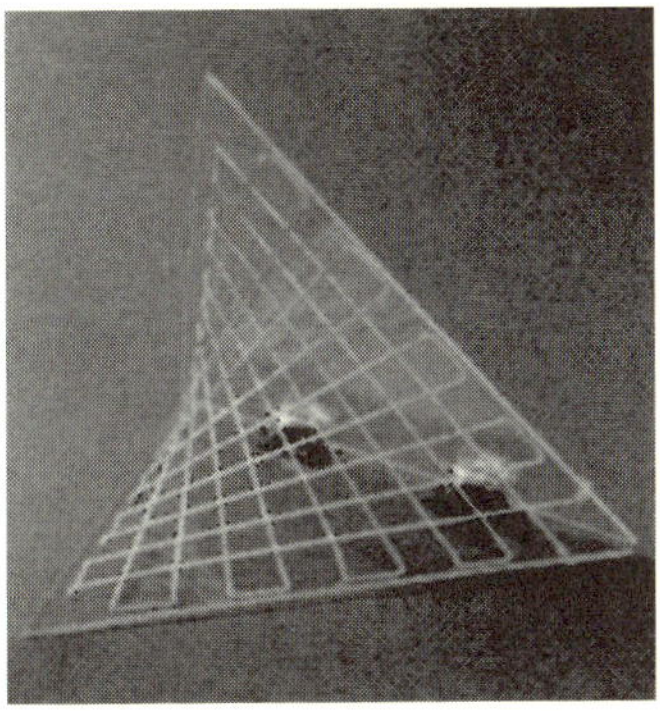

11

《ゲルニカ》

Guernica

川成　洋

阿鼻叫喚の巷と化したゲルニカ爆撃

第一次世界大戦以降の戦争の特徴をあげるなら、それは干戈《かんか》を交える敵の戦意や士気を削ぐために、とりわけ女性や子どもをターゲットにする「非戦闘員の大量殺戮」であった。この作戦の嚆矢となったのが、スペイン内戦期（一九三六～三九）のゲルニカ爆撃であり、内戦終結の五ヵ月後に勃発した第二次世界大戦は「総力戦」という掛け声のもとで、果てしなき非戦闘員の大量殺戮作戦を発動し、それが広島と長崎の原爆投下で大戦の一応の終息をみた。しかし、こうした戦略爆撃は、実はこれ以降の軍拡のための大虐殺兵器の実験に過ぎなかった。したがって、戦後のヨーロッパでの反戦・反核運動には、決まって、その先頭の横断幕に「ゲルニカ・ヒロシマ・ナガサキ」の三つの地名が書き込まれていた。

一九三七年四月二六日午後四時三〇分、フランコ叛乱軍傘下のドイツ・コンドル飛行軍団がバスク自治政府の聖都ゲルニカに襲いかか

図1　破壊されたゲルニカ
スペイン内戦中にドイツ飛行軍団の爆撃を受けた。この爆撃の国際的な衝撃を危惧したヒトラーは「いかなることになろうともゲルニカに対する国際的調査は阻止しなくてはならない」とドイツ・コンドル軍団のリヒトホーヘン司令官に伝えた（1937年5月15日付手紙）。

り、二〇分おきに二時間半にわたってゲルニカを絨毯《じゅうたん》爆撃した。編隊の装弾は、二五〇キロ爆弾、五〇キロ爆弾、一〇キロの対人爆弾、一キロの焼夷弾であった。バスク自治政府によると、その被害は死者一六五四人、負傷者八八九人であった。ゲルニカの惨事の第一報は、四月二八日付けの『タイムズ』紙のジョージ・L・スティア記者の「ゲルニカの悲劇。空襲で町は破壊された。目撃者の証言」[1]（四月二七日ビルバオ発）であった。この速報記事は、『ニューヨーク・タイムズ』紙にも同時掲載された。この記事には、「爆撃の目的は一般市民の士気を喪失させ、バスク民族をその発生地で絶滅することにあったようである」と述べられていた。

人類史上初ともいえる「無差別絨毯爆撃」のニュースが世界中の新聞の第一面を独占するにはそう時間がかからなかった。ただし、日本の新聞は例外である。すでにその前年一一月のバレンシアへの首都に際して、『東京朝日新聞』は一九三六年一一月八日の「号外」でフランコ将軍の凱旋パレードを報道し、その後三回も「号外」を出している。ただ、五月一日付けの『大阪朝日新聞』が爆撃に関するほんの数行の報告記事を掲載し、六月二〇日付けの同紙にはフランコ軍の「観戦武官」だった西浦進陸軍大尉の「人命には想像するほどの影響はな

1　このスティアの速報記事が、後に「共和国寄り」という非難も含めて、「ゲルニカ論争」を生むことになった。

図2　（左）セラーノ・スニェル外相、（中央）フランコ、（右）ムッソリーニ
ムッソリーニは、1941年2月12日、内戦時の膨大な軍事援助の見返りに全面的な援助を要請するが、フランコは拒否する。

い」という談話を載せているが、彼のスペイン滞在期間は一九三六年一〇月から翌年一月までであり、したがってゲルニカの惨事を目撃したわけではない。

フランコ軍のゲルニカの完全制圧は、三日後の四月二九日だった。このとき初めて、フランコ軍公認の三人の外国人記者が同行取材した。彼らの記事は「町の破壊は爆撃ではなく、撤退するバスク軍の仕掛けたガソリンと地雷によるもの」というフランコ軍の公式発表を鵜呑みにしたものだった。ゲルニカで生き残った住民には厳しい箝口《かんこう》令を敷き、内戦後のフランコ独裁体制の間こうした「バスク軍犯行説」が屹立することになる。

ピカソの《ゲルニカ》の誕生

一九三六年八月以降、南フランスに逗留していたピカソが、ゲルニカの惨事を知ったのは、その二日後の四月二八日夕方、パリにおいてだったといわれている。

ゲルニカ爆撃に強い衝撃を受けたピカソは、スペイン共和国政府から依頼されていたパリ万博のスペイン館用の壁画として、黒、灰色、白を基調とした縦三・八メートル、横七・八メートルの《ゲルニカ》

東京朝日新聞
外號
反政府軍の猛撃奏効
落城の運命來る！
猛烈な市街戰を展開
マドリッド入城の報
政府悲壯な聲明
飛行機で都落ち

図 3　『東京朝日新聞』(1936 年 11 月 8 日号外)
内戦の勃発した初期段階では、『東京朝日新聞』や『東京日日新聞』(現毎日新聞)も比較的中立的な記事を載せていたが、マドリード陥落のニュースあたりから徐々にフランコ軍支持の記事に傾いていった。

を六月四日に完成させたのだった。七月一二日、スペイン館がオープンする。館内ホールから入って右奥に《ゲルニカ》が展示され、その真向かいに巨大な肖像写真が貼られ、「フェデリコ・ガルシア・ロルカ、詩人、グラナダで殺される」というキャプション付きであった。[2]
《ゲルニカ》についてのピカソ自身の解説によれば、左の牛は暗さ、残忍さ、中央の馬は弱者、苦悩する民衆を表している。つまり《ゲルニカ》は、人間の悪と蛮行をピカソ独自の手法で描いた「現代の黙示録」というものであろう。

一九三七年一一月、パリ万博は閉会する。この会場の入場者数は、公式発表によると、三三〇〇万人。その内どのくらいの入場者が《ゲルニカ》を見たであろうか。万博の閉会に合わせてスペイン館も解体され、展示資料などは海路でバレンシアへ送られるが、《ゲルニカ》とスケッチはパリのグラン・ゾーギュスタン街のピカソのアトリエに持ち込まれる。その後、《ゲルニカ》はスペイン共和国の救援募金のためにヨーロッパ主要都市で展示される。そして、一九三九年四月、内戦が終了した翌月からヨーロッパ全域に戦雲が低く垂れ込めてきたために、いよいよニューヨークに上陸する。

第二次世界大戦期にパリにいたピカソのアトリエに、絵画好きのド

2 《ゲルニカ》がスペイン館に展示された時、あまりにも強烈過ぎて、また政治的メッセージが内包されていたこともあって、佐・右両陣営において、その評価をめぐって喧々囂々《けんけんごうごう》たる議論が巻き起こったのだった。

図4　パブロ・ピカソ（1881-1973）

イツ占領軍将校がしばしば訪れることがあった。ピカソの友人のペンローズによると、ある将校がピカソのテーブルの上に一枚の《ゲルニカ》の写真を見つけ、したり顔をして「これをつくったのはあなたですか」と訊ねた。するとピカソは「いいえ、これをつくったのはあなたたちですよ」と事もなげに答えたという。

アメリカ各地で展示された後に《ゲルニカ》とスケッチは、ニューヨーク近代美術館に「スペインに真に民主主義が体制実現するまで」という条件で無期限貸与された。

ゲルニカ爆撃の歴史的真相

ピカソは不倶戴天の敵、フランコの死去に先んずること二年、一九七三年にフランスのムージャンで亡くなる。

そして軍事独裁者フランコの死後二年の一九七七年四月、すでに二院制国会の設立、選挙法の公布、共産党の合法化、労働組合の合法化など着実に民主化が進んでいることもあってか、ゲルニカ爆撃の歴史的真相を解明すべく、一九七八年にゲルニカ議事堂（爆撃を免れた）において国際的な学術調査委員会が開催された。この委員会に招かれたアメリカの作家でジャーナリストであるハーバート・サウスワーク

図5 《ゲルニカ》（複製、丸の内oazo）

がスペイン内外の資料を調べて発表した『ゲルニカ！ ゲルニカ！』（一九七七）を手に解説する。主宰者の一人、デウスト大学教授のフェルナンド・ガルシア・デ・コンタサルは内外の資料収集に努め、一九八七年の「ゲルニカ爆撃五〇周年」にはその成果を東京でも発表した。翌八八年のバスク歴史大会では、先の委員会から参加していた横浜商科大学教授の渡部哲郎が日本におけるゲルニカ「事件報道」を報告した。「爆撃」周辺の資料は収集できたものの、政府側が公文書の提出を拒否したために、フランコの法的責任が曖昧なまま、この委員会は終了せざるを得なかった。

「最後の共和派亡命者」として帰国した《ゲルニカ》

ピカソが死去して三年後の、一九八一年九月一〇日払暁、彼の生誕百年を記念して、また彼が主張する政治的条件が満たすことができたこともあって、《ゲルニカ》がようやく、「最後の共和派亡命者」として、厳戒下のマドリード・バラハス空港に到着した。そして、一〇月二五日、ピカソ生誕百年祭が、彼の生まれ故郷のマラガで、国王ファン・カルロス一世の隣席のもと盛大に挙行された。この百年祭とほぼ同時にプラド美術館別館で《ゲルニカ》が一般公開されたのだった。

図6　ゲルニカ議事堂
幾分高い所に位置する議事堂あたりからゲルニカの街を一望できる。

図7　ゲルニカの樹（4代目）
かつてこの樹の前で、住民たちが自治を決めるための集会を開いた。

かつてピカソが館長に就任することになっていたが、スペイン内戦、そしてフランコ独裁政権のために、実現しなかったというゆかりある美術館であった。《ゲルニカ》が展示され間もなくと思われるが、筆者もこの壁画を見た。その頃、まだ《ゲルニカ》展示に反対する勢力が力をもたげていたのだろう、壁画は大きな防弾ガラスで保護され、壁画の両サイドには軽機関銃を装備した警備員がついていた。四二年ぶりに帰郷した《ゲルニカ》にとって、このプラド美術館別館も安住の地ではなかったようである。

ところが、《ゲルニカ》は、一九九二年九月に開館されたレイナ・ソフィア王妃芸術センターに移された。これに反対の声がバスク地方から湧き起こった。そして、五年後の一九九七年一〇月に開館予定だったビルバオ・グッゲンハイム美術館は、開館に合わせて《ゲルニカ》の貸与を申し入れる。この壁画の貸出期間中の入場収入をレイナ・ソフィア王妃芸術センターと折半すること、《ゲルニカ》の安全のためにレイナ・ソフィア側の警備担当者にこの期間の管理と警備を任せるということなどの条件を示すが、《ゲルニカ》の移送中に傷がつくという理由で拒否された。これを受けて、グッゲンハイム美術専務理事のファン・イグナシオ・ビダルテは記者会見で「ゲルニカの破壊から

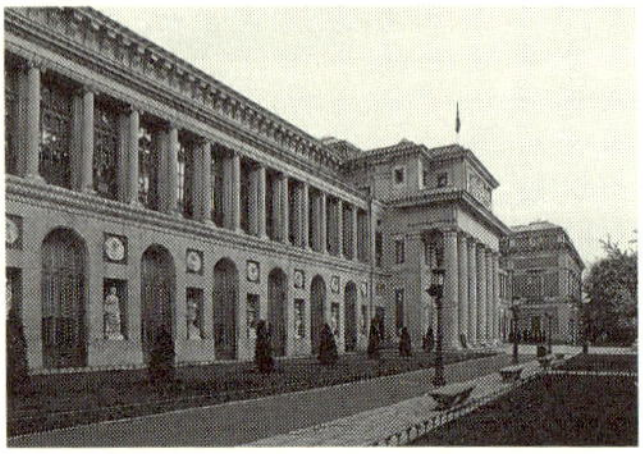

図8　プラド美術館
1819年に王立絵画美術館として誕生し、それ以降、スペイン国内の歴代の諸王宮の絵画が収蔵されている。

図9　レイナ・ソフィア美術館
18世紀にカルロス3世が建てた病院を改築して、1992年に開館した。

数えて六〇周年を記念する催しは、バスクの人々が二〇世紀美術を代表するこの作品を始めて故郷で目にする、歴史的な、二度と訪れることのない好機となります。……この拒否回答は、技術的な枠を超えたものです。脆くて輸送に適さないなどというのは、私たちの知性を愚弄するものにほかなりません[3]」と述べたのだった。

ほんの数年前、レイナ・ソフィア美術館二階の《ゲルニカ》を見た日本人ジャーナリスト、永峯清成の見聞録は驚き以外の何ものでもない。「《ゲルニカ》の写真をコピーして上下逆にした者や、あるいは絵を部分的に切り取って、それも横向きに貼りつけたりと、とても美術館がやったとは思えないのだ。どこかこの作品に対する悪意、とまでいかなくても揶揄の気持ちを表しているように思える[4]」と。

《ゲルニカ》がレイナ・ソフィア美術館で、このようにぞんざいな扱いをされているかどうか筆者は確認していないが、結局、ビルバオのグッゲンハイム美術館には《ゲルニカ》は展示されないであろう。それにしても、《ゲルニカ》がどうして生まれたのか、決して消えることのないメッセージが雄弁にそのことを物語っているのだ。

果たして、《ゲルニカ》を、あろうことか、王妃の名前を冠する美術館に展示するのは如何なものか、と思うのは筆者一人ではあるまい。

3　ラッセル・マーティン著、木下哲夫訳『ピカソの戦争《ゲルニカ》の真実』白水社、2003より。
4　永峯清成『スペイン奥の細道紀行―バスク・アンダルシア……』彩流社、2012より。

図10　ビルバオのグッゲンハイム美術館
アメリカのグッゲンハイム財団が世界分館構想の一つとして設立した。近現代美術専門の美術館。

12 闘牛

Tauromaquia

須藤哲生

闘牛の起源は

闘牛といえばスペインの国技だが、人と牛との格闘というこの競技が、いつ頃、どこで誕生したかは明確ではなく、定説もない。ただ単に、人と牛との闘いという観点に絞れば、遠く紀元前まで遡ることができる。フランスのラスコー洞窟の後期旧石器時代の壁画には、一頭の巨大な雄牛とその角にかかって殺された一人の男が鮮やかに描かれている。この牛はもちろん家畜の牛ではなく、獰猛《どうもう》な野生の雄牛である。

古代において、牛は人間に死をもたらす恐ろしい動物であるとともに、力と豊饒《ほうじょう》の象徴として聖性すら帯びていた。古代ペルシャの神ミトラは太陽神であるとともに、牛たちを支配する神でもあった。一九世紀後半に発掘された地中海に面するレバノンの港町サイダ（旧シドン）の古代の要塞遺跡の大理石の浮彫り（紀元前四世紀）には、ミトラ神が牛を短刀で殺す場面が描かれている。大英博物館蔵の「ミトラ神」の像（一〇〇～二〇〇年）にもこれとほとんど同じテーマが描か

図1　ラスコー洞窟壁画

フランス南西部ドルドーニュ地方にある洞窟。1940年に発見された旧石器時代後期の彩色壁画。

れているが、牛から流れ出る血を子犬と蛇が舐めている。つまり、殺される牛はこれらの動物たちに生命力を与えているのだ。

ミトラ神への信仰は、ヘレニズム時代になると、古代ギリシャから古代ローマへと伝わり、タウロボリウム（ラテン語）という、牛を生贄《いけにえ》とする秘儀が生まれた。身の汚れを消す証《あかし》として聖なる牛を血祭りにしてミトラ神に捧げ、司祭や信者たちが流れる牛の鮮血を頭から浴びる一種の洗礼儀式だった。タウロボリズムの祭壇の遺跡は、古代ローマ帝国の属州だったフランスやスペインでも発掘されている。この秘儀が地中海沿岸を東から西へと広く伝わっていたことは確実である。

紀元前二六〇〇年から同一四〇〇年に栄えたエーゲ海のクレタ文明（ミノア文明ともいう）では、牛は至上神だった。一九〇〇年、イギリスの考古学者アーサー・エヴァンズによって発掘されたクレタ島のクノッソス宮殿の遺跡からは、牛の洪水といえるほどおびただしい数の牛を象《かたど》ったテラコッタ（粘土を焼いて作った素焼きの塑像）が出土しており、この動物が神として崇《あが》められていたことを雄弁に物語っている。この遺跡からは同時に、無数の牛の頭蓋骨が発掘されているが、一種の祝祭の後、牛が供犠《くぎ》として捧げられたのであろう。

クノッソス宮殿出土のある壁画はしばしば《闘牛》と題されている

図3　ミトラ神の像
（大英博物館蔵）

図2　シドン遺跡の浮彫り
（ルーヴル美術館蔵）

が、ここでは現代の闘牛と違って人間たちは剣などの武器を持っていない。むしろ《牛跳び》と題すべきであろう。三人のアクロバット（男一人と女二人）が体操競技の跳馬のように、突進してくる牛の角を掴み、その背中に両手をつき、くるりと一回転して着地するという、楽しくもまた危険な祝祭の遊びであったらしい。面白いことに、現代のスペインでも、剣を持たぬ闘牛士がジャンプして牛の背を飛び越す、古来のスタイルの闘牛大会が開かれることもある。

これら古代の祝祭を現代の闘牛と安易に直接結びつけるのは軽率であろうが、スペインの闘牛（通常コリーダとよばれる）が典礼美と供犠の残酷さとを兼ね備えた、他に例を見ないスペクタクルであることを考えると、そこにある種の親近性を指摘することは許されるであろう。

中世から近代へ

スペインではすでに中世時代から闘牛が行われていた。ただし、一般民衆を対象としたスペクタクルではなく、王や貴族たちの祝い事の一環としての催し物であった。例えば王室や貴族の家で子女が結婚する場合、王宮の広場などで、主として騎士たちによる騎馬闘牛が催された。馬上の騎士が長槍を手に猛牛と対決し、これを血祭りにする。

図4　クノッソス宮殿壁画《牛跳び》
エーゲ海の孤島クレタ島の宮殿出土の最も有名で色彩鮮やかな壁画。

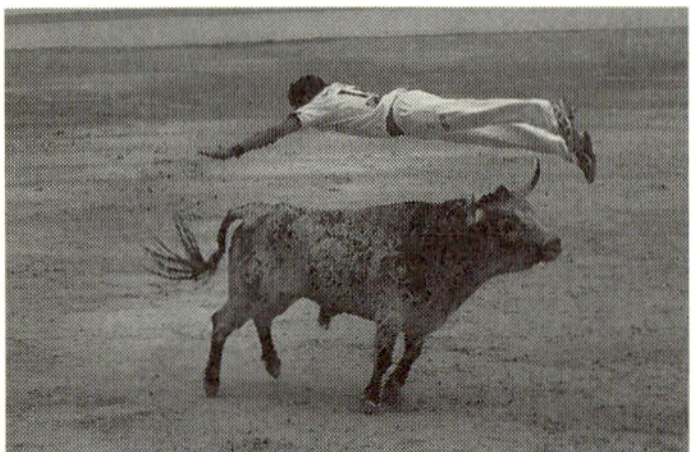

図5　スペインなどで見られる「牛跳び」
現代スペインの一般的な闘牛では、このような闘技は行われない。

慶事での血を忌み嫌う日本人的感覚からすれば、縁起でもないと眉をひそめるところ。だが、牛そのものに聖性を見る立場からすれば、厳粛なるべき婚礼には打ってつけの催し物なのだろう。カタルーニャ地方では、結婚したばかりの女性が教会へ行き、聖母マリアとその足元に控える牛の図の前で拝跪《はいき》する習慣があったという。ルネサンス以降、スペインの国王たちはほとんどすべて闘牛を愛好した。現代の闘牛士の「光の衣装」とよばれる金糸銀糸のきらびやかな衣装は、一六世紀から一七世紀にかけての宮廷服に基づいている。とりわけ、神聖ローマ帝国皇帝となったカール五世(スペイン国王としてはカルロス一世、在位一五一六～五六)は大の闘牛愛好家で、自ら馬上で長槍を持ち、突進してくる猛牛を力ずくでねじ伏せたほどだった。スペインの大画家フランシスコ・デ・ゴヤ(一七四六～一八二八)は幼い日、闘牛士になることを夢見た闘牛狂《アフィシオナード》だったが、コリーダの息詰まるような各場面を描いた三三作からなる銅版画集《闘牛技《ラ・タウロマキア》》(一八一六)で、猛牛と対決するカール五世の英姿を描いている。

しかし、コリーダという闘技は、常に安定して演じ続けられてきたわけではない。一五五六年、マドリード議会は闘牛反対の決議をし、スペイン・カトリック教会も闘牛反対の意志を表明し続けた。ロー

図7　ゴヤ《闘牛技》
バリャドリード広場で雄牛に槍を撃ち込むカール5世。

図6　光の衣装
中世時代の美しい宮殿服に由来する衣裳で、特に胸部は猛牛の角を防ぐため厚くできている。

マ教皇庁そのものもスペインの闘牛に厳しい態度をとり続けた。一五六七年、教皇ピウス五世は闘牛厳禁の勅令を発布、この闘技を容認するキリスト教国の君主は破門処分にし、牛と戦って死んだ闘牛士たちのカトリシズムに則《のっと》った埋葬は禁止するという、厳しい内容の通達を出している。

しかし、ハプスブルク家歴代の国王たちは、こうした決議を事実上無視したり、教皇勅書に対しても一時的に恭順の態度を示すだけで、すぐにまた闘牛を再開したりした。彼らは敬虔《けいけん》なカトリック教国の国王でありながら、この闘技の火を消してしまうことは絶対にしなかった。

現代の闘牛へ

現代の闘牛はスペイン中世の馬上槍試合の名残りというべき騎馬闘牛とはほとんど無関係である、とするのが定説である。現代闘牛への道筋は意外な契機から切り開かれた。ヨーロッパの覇権をめぐってオーストリアのハプスブルク家とフランスのブルボン家は長い間激しい闘争を続けてきたが、そのブルボン家初のスペイン国王となったフェリペ五世（在位一七〇〇～四六）は、即位すると、ハプスブルク家の栄華に繋がる闘牛競技を、血なまぐさい野蛮な見世物として禁止

図８　ローマ教皇ピウス５世（在位 1566-72）

図９　スペイン王フェリペ５世（在位 1700-46）

したのである。これを契機として闘牛は、長槍を持つ馬上の騎士と牛との対決様式から、現代スペインのアフィシオナードたちの熱狂する、地上での人と牛との対決様式へと変貌しはじめた。皮肉なことに、いまやスペインの「国技」といわれるまでに根深く民衆の間に浸透したコリーダは、一フランス人の手によってその道筋が付けられたのである。

こうして、平民階級の闘牛士がスペイン各地の町や村の闘牛場や広場で牛と対決することになった。現代では、興業としてルールに従ってコリーダが演じられるのは、堂々たる観客席をもつ闘牛場《アレーナ》に限られている。そして、このスペクタクルは、スペインのほか、ヨーロッパではアルル、ニームなどの南フランスや、ポルトガル、さらにメキシコやコロンビアなど中南米諸国つまりラテンアメリカでも開催されている（ポルトガルでは観衆の前で牛を殺さないが）。闘牛はやはり、地中海文明もしくはラテン世界の所産であることは確実であるといえるであろう。

スペインでは、闘牛はしばしばフィエスタ・ナシオナーレ（国の祝祭）とよばれる。闘牛シーズンは南部地方で開催し、開催地はだんだん北へ移っていく。主なフィエスタは、三月のバレンシアの火祭り、

図10　マラガ闘牛場
マラガで生まれたピカソは幼少の頃この闘牛場に通いつめ、闘牛士になることを夢みていた。（©スペイン政府観光局）

図11　ラス・ベンタス闘牛場（マドリッド）
毎年5月のサン・イシドロの祭りは巡礼地でもあり、特にこの時期は闘牛ファンが殺到する。（©スペイン政府観光局）

四月のセビリャの春祭り、五月のマドリードのサン・イシドロの祭り、七月のパンプローナの牛追い祭り、一〇月のサラゴサのピラール祭り……パンプローナの牛追い祭りは、特にアメリカの作家アーネスト・ヘミングウェイ（一八九九～一九六一）の小説『日はまた昇る』（一九二六）によって世界的に有名となった。何千という群衆が街路で牛を追ったり逆に追われたりして闘牛場へと向かうが、時に死者が出るほど激しく危険な祝祭である。

　コリーダは、行進曲風のパソ・ドブレの音楽とともに、闘牛士《トレロ》たちの入場によって幕が開く。一口に闘牛士といってもさまざまな役割がある。大別すると、馬に乗り長槍《ピカ》で牛の肩を突くピカドール。これは中世の騎馬闘牛と異なり、現代のコリーダでは端役《はやく》でしかない。かつては一競技で何頭もの馬が牛の角で殺されたが、現代の馬は完全な防具で守られている。次は、バンデリーリャという銛《もり》を両手に持ち牛の肩に打ち込むバンデリリェーロ（銛打ち士）。最後は、赤布《ムレータ》で牛を翻《ほん》弄《ろう》し、長剣で牛を死に追いやる正闘牛士マタドール（殺す人の意）の登場。中世の騎馬闘牛と異なり地上で猛牛と一対一で対決するトレロ。牛は必ず殺される運命にあるが、人間も地上に降り立つことによって死の危険に近づく。事実、闘牛の歴史で名闘牛士と讃えられたマタドー

図12　アーネスト・ヘミングウェイ（1899-1961）

図13　ドラクロワ《ピカドール》パリのドラクロワ美術館蔵。ドラクロワの作品として極めて貴重な一品。

ルも何人か牛の角にかかって命を落としている。芸術や文学で描かれた例を上げれば、先述したゴヤの版画集《闘牛技》に描かれた〝ペペ・イリョ〟ことホセ・デルガード、スペイン内戦勃発直後叛乱軍に銃殺された詩人ガルシア・ロルカ（一八九八～一九三六）がその詩に描いた親友の闘牛士イグナシオ・サンチェス・メヒーアスなどがいる。闘牛の真の魅力は、マタドールが最後に剣の一撃で牛の巨体（大きなものは五〇〇キロを超す）をアレーナの土にどうと横たわらせる場面であろう。これは「真実の瞬間」とよばれる。

しかしながら、近年スペインでも動物愛護団体が闘牛反対の声を高くしている。国営テレビも二〇〇七年から中継放送を止めた。スペインからの独立意識が強いこともあってバルセロナでは闘牛が姿を消してしまった。二〇〇七年のギャラップ社の世論調査では、一九七一年に五五%だった「闘牛に関心がある」は、二〇〇六年には二七%に低下した。この傾向の一原因として、闘牛士の質的低下も指摘されている。しかし、闘牛愛護派はユネスコの「文化遺産」への推薦を働きかけているが。真に強い牛の育成と、一センチでも近く危険な牛の角に身を寄せて観客に深い感動を与える闘牛士たちがある限り、スペインからコリーダが消滅することはないであろう。

図14 「真実の瞬間」
完璧な演技で牛を倒したマタドールには、その栄誉を讃え、牛の耳や尾が与えられる。（著者撮影）

13

フラメンコ

Flamenco

山崎信三・川成　洋

フラメンコの起源は

カンテ（唄）、バイレ（踊り）、トーケー（ギター）がいわば三位一体となって一つの芸術世界を表出するフラメンコ。

アンダルシアを揺籃《ようらん》の地とするフラメンコの起源を特定するのは至難の技である。大雑把になるが、歴史的には、アンダルシアに足跡を残した古代タルテッソ人を嚆矢として、フェニキア人、ギリシャ人、西ゴート人、モーロ人、ユダヤ人などが練り上げ、それにアンダルシアと交流のあった中南米の人々の影響も受け、アンダルシア独特の音楽舞踊となっている。これとは別個に、フラメンコの起源に関する従来からの「仮説」として、古代ビザンティンの宗教曲、ユダヤ教の聖歌、モリスコ（キリスト教徒に改宗したイスラム教徒）の歌、などがあげられるが、とりわけ注目されているのが、イスラム教の濃厚な音楽起源説[1]である。

ともあれ確実なことは、アンダルシアに生まれたフラメンコをジプ

1　これに関して、ノーベル文学賞受賞作家カミロ・ホセ・セラは次のように自説を展開している。「モーロ人は必ずしも、征服の鐘鼓とともにアンダルシアにやって来たわけではなく、キリスト教徒との「聖戦」に敗北したモーロ人を含む雑多な民族の足跡を、この地域の奥深くまでに残していった。これらの貧しい打ちひしがれた百姓たち——戦士ではない——は、常に敗者の負い目を背負いながら、アンダルシアの奥地に安住の地を求めた。こうしたモーロ人たちはフラー・メンクス（fallah mencus）と呼ばれたのだ。現在使われているてるフラメンコは、まさにここに由来すると考える」（日比野和幸・野々山真輝帆監訳『アンダルシア紀行』彩流社、1999）。

シーが立役者となって発展させてきたことである。換言すれば、「アンダルシア」と「ジプシー」の二つの要素がさまざまに溶け合って一つの新しいジャンルが出来上がったのである。

ジプシーとは

ジプシーとは、いかなる民族だろうか。彼らに関して比較言語語学的、および形質人類学的調査・研究の成果として、「ジプシー・インド起源説」がほぼ定説となっている。彼らは、ジプシー固有の世界共通語（ロマノー）を用いて、仲間と会話する。それに彼らの容姿や服装[2]はやはり特殊だった。

インド亜大陸の北西部を起源とするジプシーが、ほぼ部族ごとに移動し、ペルシアやトルコを経由してヨーロッパに姿を現したのは一四世紀といわれている。スペインに入ってきたのは一五世紀初頭だった。その頃のヨーロッパは、中世末期、土地を追われた農民、浮浪者、遍歴職人、吟遊詩人、キリスト教の巡礼者（この中には、カトリック教会で「告解の秘蹟」を受けた人の悔悛のための巡礼もあった）など「中世の旅をする人びと」が後を絶たなかった時期であった。スペインにおいても、ジプシーがフランスからスペインに入るのに、ヨーロッパ

2　ちなみに、ドイツのジプシー研究家、マルテイン・ブロックはこう述べている。「だいたいジプシーが服装に無頓着であることは事実である。昔からジプシーの女性は、着物を紡ぐこともせず織ることもしないできた。着ているものは、みなジプシー以外の人たちの着るものだ。また、そういう人たちのお古だ。ただし、彼女らの美に対する感覚は、「非ジプシー」の女性とかなり違っていて、あざやかな対照をなしている色彩、キラキラ光る感じのするものや、濃い赤、濃い黄色が好きである。また、彼女たちの服装の最大の特徴は、かかとまで届く、長くて、ひだの多い着物である」（近藤仁之『スペインのジプシー』人文書院、1995）。

三大巡礼地であるサンティアゴ・デ・コンポステーラ巡礼に紛れ込むことができた。当時すでに、この巡礼路は整備され、ヨーロッパ中から年間五〇万人もの巡礼者がいたという。さながら「聖者の行進」というべきか。しかも、巡礼路沿いの住民たちも、巡礼者たちを敬虔な信者として便宜を図ったので、寄る辺なきジプシーにとって好都合だったろう。ピレネー山麓のハカという町は、ここから西に向かいコンポステーラを目指すか、そのまま南へ向かうかの分岐点であった。この町には、一四三五年にジプシーがやって来たという公的な記録が残っている。またバルセロナに姿を現したのが一四四七年だった。これ以降、ジプシーが続々とスペインに入ってきたようだ。当時のスペインは、キリスト教徒軍による国土回復戦争（レコンキスタ）の末期にあたり、戦線はすでにアンダルシアに移り、しかも緩慢であった。

ジプシーたちは、にわか信者に成りすましてコンポステーラ詣でを済ませたとしても、正真正銘の巡礼者のような宗教的感動を体得するはずがなく、いつまでもコンポステーラに居候するわけにもいかず、新天地を求めて、再びハカから南のアンダルシアへ向かったのだろう。

ジプシーは、スペインでは、当初は、やはり「エジプト人」であった。つまり「エピプターノ」と呼ばれ、それがスペイン語で「ヒターー

3　ジプシーは一般的に「ロマ」と自称している。それを受けて、1971 年の第 1 回世界ロマ会議以降、ロマを呼称することが提言された。ただし、スペインのジプシーは「ヒターノ」という呼称を採用している。

図 1　サンティアゴデ・コンポステーラの街並み

ノ」[3]となった。

ジプシーに対する迫害と弾圧

ところで、レコンキスタを終結させ、スペイン国家統一を果たした一四九二年、イサベル一世とフェルナンド二世の「カトリック両王[4]」が、レコンキスタ期に膨大な軍資金を借りていたユダヤ人たちを無慈悲にも国外追放する。レコンキスタを「西の十字軍戦争」と称してキリスト教軍の戦列に加わったヨーロッパの武将たちが褒賞として目論んでいたのはスペインの農地といった不動産ではなく、金銀財宝であった。王宮すら構えていないイサベルとフェルナンド両王は、ユダヤ人の財力を当てにせざるを得なかった。ほぼ一〇〇年前の一三九一年、イベリア半島全土に広がった大規模の「ユダヤ人虐殺」という民族的悲劇を忘れていない彼らは、両王の要請に従わざるを得なかったのだ。

カトリック両王によるスペイン国家統一のプログラムは、果たせるかな、過酷な宗教的ならびに民族的純潔の追求と表裏一体であった。

一四九九年、シスネーロス枢機卿がグラナダを訪れ、イスラム書物の焚書とイスラム教徒への強制的改宗を断行する。翌一五〇〇～〇一年にかけてグラナダで大掛かりなイスラム教徒の叛乱が起こる。

4 「カトリック両王」という称号は、1492年にイベリア最後のイスラム国グラナダを征服し、その功績をたたえて、ローマ教皇アレクサンデル6世から贈られた。これ以降、歴代のスペイン王はしばしば「カトリック王」と呼ばれた。

図2　（左）アラブ王フェルナンド2世（在位1479-1516)、（右）カスティーリャ女王イサベル1世（在位1474-1504)

一五〇二年、グラナダのイスラム教徒に対し、キリスト教への改宗か国外追放化を迫る勅令を布告する。

なお、一四九九年、イスラム教徒と同様に、ジプシーに対する本格的な迫害も始まる。両王は「スペイン内を放浪するジプシーは、六〇日以内に、定住し、雇用主を求めて就労しなければならない[5]」という勅令を布告する。次いで一五二八年の、「両王」の孫のカルロス一世（神聖ローマ帝国カール五世）の勅令。一五六〇年のフェリペ二世の勅令。さらに一六一九年にフェリペ三世の勅令。フェリペ四世の一六三三年の勅令は極めつきである。「〝ヒターノ〟なる呼称を完全に追放するために、いかなる者もこの呼称を口にしてはならない。……舞踊そのほかの行為において、〝ヒターノ〟を名乗る衣装、そのほか一切のものは許されない」という内容であった。

たしかにヒターノの中で、生きるためにやむなく泥棒することもある。かのセルバンテスの短編「ジプシーの小娘」は、こう書き始めている。「ジプシーは泥棒になるためにのみこの世に生まれてきた。泥棒の親から生まれ、泥棒と一緒に育ち、泥棒になるように教えられて……」と、セルバンテスの嘆息が聞こえてきそうだ。それにしても、こうした朝野あげての人種的偏見や民族差別などがますますジプシー

5　さもないと、最初は百叩きの刑、2度目は耳を切り落とし、3度目は生涯縲絏の身に落とすことなる、という、苛烈なものであった。

図3　カルロス1世
(在位 1515-56)

図4　フェリペ4世
(在位 1621-65)

を社会的落伍者の群れにしてしまう。

ジプシーに対する弾圧に異端審問所が関わっていたとの説が散見するが、これは首肯できない。一四八〇年にセビリャに創設された異端訊問所がターゲットとしていたのは、主にコンベルソ（キリスト教に改宗したユダヤ教徒）、フダイサンテ（キリスト教を装ったユダヤ教徒）、モリスコ（キリスト教に改宗したイスラム教徒）たちであり、しかもその中の富裕層であった。当時独立採算制で維持していた異端審問所は、被疑者の逮捕・拘留と同時に、その罪に応じて罰金、あるいは部分的・全面的な財産没収などがあり、赤貧洗うがごとき「浮浪の民」ヒターノを逮捕しても何のメリットもなかったからである。

ジプシーとアンダルシア

ジプシーは、このように長年にわたる幾多のゆえなき差別と迫害に耐えつつも、独自の生活様式や音楽舞踊をかたくなに保持してきた。しかし、一七八三年九月一九日、国王カルロス三世[6]は啓蒙専制主義改革を打ち出し、その一環として、在来の反ヒターノ勅令を完全に破棄する旨の勅令を布告する。これはまさにヒターノの「基本的人権」を容認するものであるが、彼らが放浪生活を止め、定住するという前提

6　カルロス3世はナポリ国王（在位 1734-59）だったが、異母兄フェルナンド6世の死去により急遽スペイン国王に即位する（在位 1759-88）。啓蒙専制君主として優れた人材を発掘・開発し、軍の整備と改革、公共事業の拡大などをはじめ、現在マドリードにある歴史的建築物の多くは彼の時代に建てられた。

図5　カルロス3世
（在位 1759-88）

条件付きであった。

それにしても、結果論になるが、ヒターノたちがアンダルシアに住み着いたのは幸運だった。ジプシーたちの支配者階級に対する非妥協的な反逆精神、既存の社会に抵抗する気質が、伝統的に反権力的なアンダルシアの住民と馬が合ったのだ。しかも、アンダルシアは、一握りの大地主階級が牛耳る大規模農地制度の農村社会であった。この貧しい農民たちは、うらびれたジプシーたちと琴線が触れたであろう。あるいは、教会的には同志だった。それ故、ジプシーたちは友誼溢れる対応を受けたと思われる。こうして、アンダルシアは、ジプシーたちにとって、スペイン唯一の安寧の地となったのである。

ジプシーとフラメンコ

カルロス三世が公布した差別主義・厳罰主義を排除する勅令によって、ジプシーに対する社会的締め付けや規制が次第に緩和され、一九世紀になると事実上影を潜めてしまう。こうした動きに呼応して、ジプシーがフラメンコを公然と演ずることができるようになる。

その画期的な出来事が一八四二年に起こる。セビリャのトリアナ地区に初めて「カフェ・カンタンテ（歌うカフェ）」が誕生したのだ。

図6　アンダルシア（セビリャ）の風景
中心を流れる川はグアダルキビル川で、川の手前はトリアナ地区、川向うに見えるのは、セビリャ大聖堂である。

図7　アンダルシア（マラガ）の風景
古代フェニキア人から植民し、11世紀イスラム時代に本格的な港湾都市となった。パブロ・ピカソ誕生の地。

これは、パリのモンマルトルの「キャフェ・シャンタン」が源流だといわれている。「カフェ」といっても、当初はいささか猥雑な感じのするフラメンコ・ライブ酒場であった。それでも、常設の場であり、プロの芸人の誕生する場でもあった。これが、カディス、ヘレス、マラガ、グラナダをはじめ、アンダルシアの町々、そしてマドーリドやバルセロナへと次第に広がっていった。一九世紀末には、カフェ・カンタンテが一軒もないアンダルシアの町はなかったといわれている。ことほどさように、カフェ・カンタンテは、フラメンコの流れを抜本的に変える大転回点となった。

まず、先述したフラメンコの「三位一体」の中心を成すカンテであるが、プロのカンタオールがその技を競うようになった。また、従来仲間内で歌われてきたフラメンコの発掘・再確認が進み曲目も複雑かつ豊かになり、やがて優れた専門家も現出し、なかにはヒターノ以外の人が超一流のカンタオールにのし上がることもあった。しかも、こうしたダイナミックなカンテの多様性に合わせて女性のバイオーラの踊り、トークも加わる形式が定着するようになり、この三つの分野それぞれに歴史に名を残すような達人が輩出されている。これが現在のフラメンコの原型となっているのである。

図9　フラメンコ

図8　カフェ・カンタンテ

14

世界遺産

Patrimonio Mundial

浅野ひとみ

多彩な宗教・歴史を誇るスペインの文化遺産

スペインは二〇一五年現在、世界遺産保有数四四箇所で、イタリア、中国に次ぐ世界第三位である。しかしながら、「〇〇歴史地区」という町ごとの登録が多いイタリアに比べ、修道院や教会、水道橋といった単一の建造物の登録が多く、それらの真正性が現代まで伝わったという点が世界的に評価されている。本章では、スペインのバリエーションに富んだ世界遺産群を文化遺産中心に時代に沿って見て行こう。

スペインの北部に行くと、誰でも自分のもっていたスペインに対するイメージを崩されてしまう。冷涼で雨が多く、人の気質も南に比べると内気で日本人によく似ているのである。このような北部地域[1]では、早くから動物の壁画で有名なアルタミラの洞窟（一九八五年登録、18頁図1参照）が発見されており、二〇〇八年には大西洋岸の一七洞窟が追加登録されている。実際の壁画は保存のために非公開となっているが、私たちはレプリカを現地の博物館およびマドリードの考古学博

1　最近、ブルゴス県のアタプエルカ（2000 年登録）で 100 万年前のものともいわれる人の歯の化石が発掘され、考古学、人類学者たちは色めき立っている。さらに、地中海沿岸域には紀元前 8000 年にさかのぼる岩絵が 700 箇所位以上確認され、イベリア半島地中海沿岸の岩絵（同じく 2000 年登録）として登録された。

図1　カセレス　コルフィーネス家の紋章
経済的には恵まれた郷士たちは競って大きな館を建て紋章を掲げた。この家にはカトリック両王が宿泊したことがあるという。

物館で見ることができる。

スペインは紀元前一世紀以来、ローマ帝国の属領となった。ローマ人は植民都市を本国と同じように建設したため、ローマから何千キロも離れたアンダルシアのセゴビアに立派な水道橋がつくられた。アストルガ近郊のラス・メドゥラス（一九九七年登録）では、プリニウスが『博物誌』で伝えるように、水力を使って金の採掘が行われ、ローマ帝国を潤した。また、ルーゴ（二〇〇〇年登録）の堅牢な城壁は、現在でも町の周囲全域を二・五キロにわたって取り囲んでいる。さらに、カタルーニャ地方のタラゴナ（二〇〇〇年登録）は地中海に面し、紀元前一九七年にすでにローマ帝国の政治・経済の中心地として栄え、劇場や大浴場などの巨大な建造物が多数つくられた。

イスラム文化が息づく町並み

一方、スペインという国を特徴付けるイスラムの存在は、ことにアンダルシアで顕著であった。コルドバ（一九八四年登録）は、八世紀半ば、アブド＝アッラフマーン一世によって再興された後ウマイヤ朝の首都となり、一〇世紀には人口五〇万人を数え、ヨーロッパ最大の都として、美術、学芸が開花する。豪壮なメスキータ（大モスク）の

図2　ローマ時代の水道橋（セゴビア）
娘の魂と引き換えに悪魔が一夜で橋をつくった、という伝説が残る。

図3　ラス・メドゥラス（レオン）
自然の奇岩ではなく、ローマ人が水力を使って金を採掘した跡である。

庭には同王の命により導入された灌漑システムにより、オレンジの園がつくられた。この技術は、エルチェの椰子《やし》園（二〇〇〇年登録）でも用いられている。イスラムは、宗教的に寛容であったために、この時期のコルドバにはイスラム教徒、キリスト教徒、ユダヤ教徒が混住し、互いの文化に大きな影響を与えた。

画家エル・グレコが活躍した古都トレド（一九八六年登録）も同様に、古代ローマから黄金世紀まで二〇〇〇年にわたる文明の痕跡をよく残し、三宗教の建築物が共存する。ザクロの実を意味するグラナダ（一九八四年登録）は、国土回復戦争（レコンキスタ）によってイベリア半島から撤退しつつあるイスラムのナスル朝が最後の閃光を放った歴史の奇跡ともいうべき町である。ワシントン・アーヴィングによって西欧世界に紹介され、職人たちの技の粋を見せるアルハンブラ宮殿の魅力は、フランシスコ・タレガが捧げた名曲《アルハンブラの想い出》の物憂げな旋律を思い起こせば十分であろう。そして、溢れる噴水でイスラームの楽園を具現化した「夏の宮殿」のヘネラリーフェ、入り組んだ路地に白壁がまぶしいアルバイシン地区のいずれもが、濃厚なジャスミンの香りの合間に栄枯盛衰の時を刻む。イスラムの建築装飾は、徹底した偶像否定の結果、主に幾何学文様、偽アラビ

図4　エルチェの椰子園

図5　エルチェのミステーリ（宗教歌劇）
毎年、聖母の被昇天祭に行われるミステーリの起源は中世までさかのぼる。写真は「聖母にイエスのメッセージを伝えた天使の帰還」の場面。死期を悟った聖母は、世界中で伝道しているイエスの弟子たちを呼び寄せる。

ア文字などを緻密に組み合わせて、折り上げ天井に満天の星のような輝きを与えている。このような数学的で整然とした美しさは、キリスト教徒をも魅了し、アラゴンのテルエル、サラゴサなどのキリスト教教会のドームや塔に用いられるムデハル様式装飾（アラゴンのムデハル様式の建築物、一九八六年登録、二〇〇一年拡張）として結実した。

北部では九世紀にキリスト教のアストゥリアス王国が勃興し、オビエド近郊にはサン・ミゲル・デ・リーリョ教会、サンタ・マリーア・デル・ナランコ教会、サンタ・クリスティナ・デ・レーナ教会（アストゥリアス王国の教会、一九八五年登録）が建立された。聖ヤコブへの崇敬を世の中に広めたアストゥリアス王国によって、一一世紀後半には、サンティアゴ巡礼路（一九八四年登録）が最盛期を迎える。ヤコブの聖骸のあるサンティアゴ・デ・コンポステーラ（一九九四年登録）は、ピレネー山脈の向こう側まで名を馳せ、大勢の巡礼者が押し寄せた。巡礼路沿道で栄えた町の一つ、ブルゴスにはゴシック様式のブルゴス大聖堂（一九八四年登録）があり、エル・シッドが眠る。

ナバーラ王国のガルシア・サンチェス三世は隠修士サン・ミジャン（聖エミリアヌス、四七三〜五七四）を篤く信奉し、聖骸をスーソ（「上」の意）から首都のナヘラに持ち込もうとした。しかし、牛車が止まっ

図6　ワシントン・アーヴィング（1783-1859）
ニューヨークの富豪に生まれ育ったが破産し、文筆業で身を立てた。短篇『リップ・ヴァン・ウィンクル』（1819）は成功を収め、『アルハンブラ物語』（1832）ではアンダルシアの古都を世界に知らしめた。

図7　フランシスコ・タレガ（1852-1909）
ビジャレアル出身のクラシックギター奏者、作曲家。幼い頃に視力障害になり、両親は息子に音楽を学ばせた。超絶技巧のギター曲にペーソスをのせた作風は世界で愛されている。

て動かなくなったために、現在の地、ユーソ（「下」）に教会をつくったという。一〇五二年のことである。王室の庇護により、サン・ミジャン・デ・ユーソ教会は、学問、芸術の中心地となった。サン・ミジャンの生涯を表した象牙製聖遺物箱は、原型をとどめていないが、金泥を用い贅を尽くした宝物である。また、一一世紀、初のスペイン語語彙集がここで編纂されたため、カスティーリャ語誕生の地として知られ、中世の大学都市、アルカラ・デ・エナーレス（一九九八年登録）、サラマンカ（一九八八年登録）と並び称される。

　中世カタルーニャで特筆すべきは、ボイ渓谷のロマネスク教会群（二〇〇〇年登録）である。渓谷の教会壁画の大半は保存のためにバルセロナの国立カタルーニャ美術館に移築されている。ロマネスク壁画は漆喰地とともに剥がせるが、スペイン内戦前後の混乱期に海外へ流出したものもあり、保存と維持のため、原寸と同じサイズの模型をつくり、そこに持って来た壁画を展開させた。このユニークな展示方法により、現在、私たちは貴重な中世壁画の至宝を堪能することができるのだ。特に、ボイのサン・ジョアン教会身廊の軽業師、タウルのサント・クリメント教会のデフォルメされたような全能のキリストの顔、同地、サンタ・マリア教会の身廊の地獄図など、一度見たら忘れ

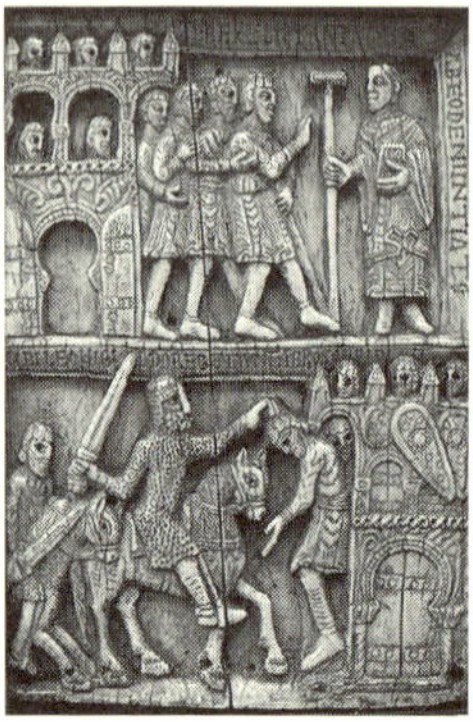

図9　サン・ミジャンの聖遺物箱（断片）
羊飼いから隠修士になった、カスティーリヤの守護聖人。生涯を表した象牙製聖遺物箱（断片）はロマネスク美術の代表作。

図8　エル・シッド（1045頃-99）
『わがシッドの詩』の実在する主人公であり、国土回復戦争の英雄として知られる。1094年にバレンシアを征服し、亡くなるまで統治した。

られないインパクトをもっている。壁画のあった教会には、レプリカを描いて信者の祈りに応えるようにしてある。サント・クリメント教会には献堂碑文が残っており、一一二三年のものであることがわかっている。なお、高い鐘楼は、谷にあって、鐘の音を遠くまで響かせる工夫であった。建築にはイタリアのロンバルディア地方のロマネスク教会の影響を受けている。

大航海時代、スペインと新大陸、アジアが結ばれる

セビリャ（セビリャ大聖堂、アルカサル、インディアス古文書館、一九八七年登録）は、グアダルキビル川沿いに発展した港湾都市である。アルモアデ朝が一二四八年に壊滅すると、その一万五〇〇〇平方メートルにおよぶ大モスクは、カトリックのミサに供されることになった。ミナレットであったヒラルダの塔もそのまま使われ、一六世紀の大改修を経て、現在、キリスト教会としても世界第三位の規模を誇る。セビリャは大航海時代、新大陸へ行き来する人々の基地となった。そのため、大聖堂には、アルフォンソ賢王に加え、コロンブスの墓所が設けられ、壁面には、長途の旅に出るイエズス会士が出発の前に必ず祈りを捧げたという「アンティーグアの聖母」像が描かれてい

図10　サラマンカ新大聖堂

図11　サント・クリメント教会（タウル村）
高い鐘塔が一際目立つ谷合いの教会堂。オリジナルの壁画はバルセロナのカタルーニャ美術館に所蔵されている。

る。この聖母像は遠くキリシタン時代の長崎まで伝わり、日本人によって版画が製作された。フェリペ二世の命によってつくられた商品取引所は後にインディアス総合文書館として、新大陸関係資料が一堂に集められた。ルネサンス様式の優雅な建物は、エル・エスコリアル修道院（一九八四年登録）の建造にあたった建築家の一人、ホアン・デ・エレーラの設計による。二〇一三年には、日本・スペイン修好四百年記念として支倉常長の遣欧使節展が開かれた。

内陸の町エストレマドゥーラのサンタ・マリア・デ・グアダルーペ王立修道院では、八世紀に羊飼いによって発見された聖母像を信奉し、一三世紀以来、サンティアゴに次ぐ巡礼者を集めた。コロンブスは大陸発見後に謝意を表し、日本からも天正少年使節が訪れている。アルフォンソ九世を始めとして王室の庇護を受け、信仰は新大陸まで広まり、メキシコでは特に農夫に顕現した聖母が「グアダルーペの聖母」と呼ばれ、国の守護聖人となる。こうして、スペインのグアダルーペの聖母はスペインにとどまらず、世界中の国々で篤く尊崇され、現代に至る。

グアダルーペ出身の修道士たちによって設立されたのが、マドリード北西部五〇キロほどの郊外にあるエル・エスコリアル修道院であっ

図12　アンティーグアの聖母（セビリャ大聖堂）

図13　アルカサルの天井（セビリャ）
満天の星を再現しているのだろうか。

た。フェリペ二世は、対抗宗教改革の研究所として十六世紀後半に、美術館、図書館をつくらせた。同王の尽力により、国中から芸術作品がここに集められ、中世写本やティツィアーノ、ティントレット、エル・グレコ、ロヒール・ファン・デル・ウェイデンなど珠玉の名画の一大宝庫となっている。ホアキン・ロドリーゴ作曲の「アランフエス協奏曲」で著名なアランフエス宮（二〇〇一年登録）もまた、フェリペ二世の命を受けてファン・デ・エレーナが建設した。

一九世紀になって、バルセロナは異才アントニ・ガウディ（一八五二〜一九二六）を生み出す。ガウディの作品（一九八四年登録、二〇〇五年拡大）の中で最も有名なのは現在も建設中のサグラダ・ファミリア教会であろう（138頁参照）。その林立する尖塔は中世建築の強い影響を受けており、バルセロナのどこからでも目にすることができる。しかしながら、未完の建物は世界遺産の対象とはならないため、現在は「降誕の扉口」と「クリプタ」のみが登録されている。そのほか、グエル公園やカサ・ミラなど、ガウディの作例は、一見、奇をてらって人を不安にさせるが、宇宙の神秘に触れるような感動を覚えるモデルニスモの傑作である。

図14　サンタ・マリア・デ・グアダルーペ王立修道院
モンセラッと同様黒マリア像で有名だ。

図15　アストルガの司教館
あまり知られていないが、アストルガにもガウディの作品がある。

15 巡礼

Peregrinación

浅野ひとみ

西へ向かって、いざ行かん!

高齢化社会真っ只中の日本では、健康寿命を延ばし、定年後の長い余暇をどのように過ごすかが人々の一大関心事である。そこでブームになってきたのが「歩き巡礼」である。ウォーキング+ヒーリングができて、アドベンチャー的要素もある。さらに、聖所巡りはご利益も期待できるかもしれない。もし、自然の豊かな海外の土地をふらふらと、しかし、安全かつ安価に放浪できると聞いたら、日本人はこぞって押し寄せるだろう。サンティアゴ巡礼はまさしくそういった大人のための理想的なプチ修行場なのである。

さて、ここで少しばかり聖ヤコブの話をしておこう。昔、ガリラヤ湖で漁師をしていたヤコブは、イエス・キリストに召命され、弟子となった。キリストに付き従い、師の没後は、イスパニアでキリスト教を伝道したという。その間、サラゴサで、柱の上に顕現した聖母マリアにまみえた。その場所こそが、かの有名なピラール大聖堂である。

図1　サンティアゴ大聖堂正面
聖ヤコブの日の前夜祭は、この聖堂正面をスクリーンにしてプロジェクションマッピングが華やかに行われる。

図2　大香炉（サンティアゴ大聖堂内）
翼廊を振り子の原理で勢いよく飛んでいく大香炉。落ちた灰は嵐除けの御守りになるという。

スペインには、ピラール（柱）という名をもつ女性が山ほどいることからわかるように、スペインでも屈指の聖地であり、人気の高い「柱の聖母」のエピソードがヤコブの話と交錯する瞬間である。

四四年頃、ヤコブはエルサレムで殉教した。その遺骸は弟子たちによって船に乗せられ、現在のパドロンに流れ着く。そして、牛車に引かれてコンポステーラへ運ばれ、埋葬されるも、時が過ぎて、墓の場所は忘れられてしまった。だが、九世紀初頭、突如として、「発見」される。もちろん、これは、キリスト教新興国であるアストゥリアスの大きな喧伝の成果である。彼らは、「ローマにはキリストの十二大弟子、聖ペトロと聖パウロの墓所がある。ならば、コンポステーラは聖ヤコブを担ぎ上げよう」と決めたのだ。もともと、ガリシア地方で信奉されていた一地方聖人のヤコブはこうして歴史の表舞台に躍り出た。

中世、キリスト教世界では、病を治したり、死者を蘇生させたりする聖遺物に対する信仰が高まり、それが自発的な巡礼の主たる動機となっていく。どの教会も巡礼者を集めるために聖遺物の獲得に躍起になり、時には盗んでまで確保した。そして、獲得するや衆目の前で荘厳なお披露目を行い、ストーリーをつくって広めた。聖ヤコブの話は、フランスで圧倒的支持を得ていた聖人、サン・マルタンにライバル意

図3 聖ヤコブの石
流れ着いた聖骸は、この上に安置されたという。

図4 サン・イシドロ教会出自聖人像断片（サン・マルコ博物館蔵）
ふっくらした頬、大きな手、高い位置にある耳が特徴的。

識を燃やしつつ練られたようだ。その後、オビエドでは、一二弟子すべての聖遺物を集めたと大宣伝したために、巡礼者はわざわざ山越えして遠回りのルートを選ぶようになったという。

ヤコブの聖骸のある大聖堂への参詣は、スペイン北部のローマ時代の街道を利用しての大巡礼路を形成するに至った。南部はイスラム勢力がまだ跋扈している時代、北部ではこうしてピレネー山脈を通って南北ヨーロッパをつなぐ大動脈が形成されていった。沿道にはレオン、サン・フロミスタ、サアグン、ハカ、ブルゴスと次々と町がつくられていき、さまざまな店や宿屋が開かれ、大変なにぎわいとなった。年間五〇万人ともいわれる巡礼者がコンポステーラを訪れたという。

中世のミシュラン・ガイド『案内記』

一二世紀に編纂された『巡礼案内記』に記された四本の主要道は、それぞれ、フランスのパリ、ル・ピュイ、ヴェズレー、アルルを起点とし、ピレネーを超えて、プエンテ・ラ・レイナで一本になり、終点のコンポステーラへ向かう。全行程一〇〇〇キロ前後の長丁場だが、中世の人たちはそれを多くは徒歩でたどった。

ほとんどの巡礼者は一人ではなく、グループで出かけた。旅は命が

図5　サン・イシドロ教会（レオン）
パンテオン・レアル（王廟）に12世紀の壁画を有する。

図6　サント・マリー・マドレーヌ聖堂のアプシス部
マグダラのマリアの聖遺物を有する聖堂。

図7　サン・トロフィーム聖堂の扉口彫刻部分（アルル）
「栄光のキリスト」の周りを四福音記者の象徴が取り囲む。

けだったので、出かける前に係争中の案件を片付け、借金は返し、身辺整理して、留守を人に託し、出発前には杖とパン袋を司祭に祝別してもらった。

巡礼の本来の意味はペニテンシアというキリスト教的な罪に対する「悔悛」の実践にある。人々は、最低限の食物と衣だけで、時には施しを受けながら、非日常の世界へ乗り出し、イエス・キリストが受難に際して負った「痛み」を追体験しようとした。教皇座のあるローマへの巡礼が罪の赦免を求める色合いが強かったのに対し、コンポステーラへの巡礼は、そもそも世界の果てと考えられた西の端に行ってみようという人々の好奇心にも裏打ちされていたように思える。その証拠にコンポステーラにたどり着いた多くの人はさらに西へと進み、フィニステール（終点）と名付けられた土地まで赴いた。

前述の『案内記』は、エイメリ・ピコーというフランス人聖職者によって、ラテン語の教科書として書かれたといわれる。著者は、サンティアゴ大聖堂に居て、次々と到着する巡礼者から、さまざまな土地の話を聞いて著作に反映させている。

『案内記』には、巡礼の途次に起こったさまざまな犯罪や、各地の人々の風俗の話、食べ物や水の良し悪しが述べられている。例えば、山賊

図9　ソンポール峠（サンティアゴ巡礼路）
現代の巡礼者はここからおよそ900キロの道のりを、ただ一人行く。

図8　巡礼路の街並み
（プエンテ・ラ・レイナ）
宿場の面影を今に伝える。

や悪徳宿屋の話、船に故意に定員オーバーで乗せて、転覆するや溺れ死んだ人の身ぐるみ奪い、死んだ馬の皮を剥ぐ渡し守の話は、巡礼者をどれほど怖がらせたことだろうか。飲めば死んでしまう毒の水、逆に乳と蜜のあふれる楽園のような土地、まったくわからない言葉をしゃべり、獣のような生活をする野蛮人について、コンポステーラにたどり着いた人々の口から語られる「世界の不思議」情報は旅の安全を願う巡礼者の間で共有されたのだろう。

コンポステーラの町は、聖ヤコブの墓の上に建てられた大聖堂を中心に形成された。コンポステーラという名は、従来いわれているような「星の野」から派生したのではなく、コンポスタ（墓）を語源とするようだ。キリスト教の場合、物よりも聖性を帯びた場所が重要であり、聖人が埋葬された所を最重要ポイントとして、小さな霊廟が拡張されて大聖堂になっていくのである。

中世の教会堂は、巡礼者たちの宿ともなり、また、墓ともなった。サンティアゴ大聖堂の床下には無数の石棺が発見されており、死者たちは聖ヤコブの執りなしを受けて、最後の審判においていち早く復活することを願った。興味深いのは、死者たちが足を祭壇の方に向けて埋葬されていることである。これは、立ち上がった時に聖人と対面で

図 10　セブレイロ峠の藁葺き民家（復元）
雪深い峠なので、このような屋根の形をしている。

図 11　サンティアゴ大聖堂「栄光の門」
教会の西側によく用いられる「最後の審判」のテーマ。

きるようにするためといわれている。埋葬された場所の上、床の敷石には時に死者の名が刻まれており、踏むのがためらわれるが、ヨーロッパの人々はあまり気にしないようである。[1]

聖遺物のご利益にあずかる

聖遺物の聖性は、それに触れることが最も効力があったが、誰にでも許されることではない。そのために、人々は、メダルやバッジなどを聖堂の近くの店で購入して、祭壇の上に置き、聖性を移して持ち帰り、自分が亡くなると棺の中に入れてもらい、聖人の加護を願った。祭壇には、捧げもの（エクス・ヴォト）も置かれたが、病の治癒などを祈願するものであると同時に、願いが叶った後の謝意を表すものでもあった。巡礼路の起点の一つであるコンクのサント・フォア聖堂西正面の大彫刻の一部には、一二世紀当時の聖堂の内部の様子が刻まれており、梁には虜囚の手足を縛る枷がいくつもぶら下がっている。異教徒に囚われている夫や息子の解放を聖女フィデスに願い、成就した女たちからのお礼の捧げものなのだろう。

聖遺物は盗難を避けるために聖遺物入れに納められて地下祭室に安置された。そのように置かれても、トゥールーズのサン・セルナン聖

図12 「鎖のかかる梁と聖女フィデス」
サント・フォア聖堂（コンク）西正面扉口彫刻部分
12世紀当時の教会。内部を知る手掛かりとなる貴重な作例。

1　巡礼路沿いの村の一つ、サント・ドミンゴ・デ・ラ・カルサーダに伝わる話では、巡礼路の修繕に力を尽くした聖ドミンゴは、「死後、道の下に埋葬してほしい」と願い、その通りにされたという。聖書の中で人類の祖は土からつくられたと記されているが、土に還って巡礼者を守っていこうという聖人の謙虚で深い思いを感じるエピソードである。

堂のように、地下祭室から立ち上る壁には開口部が設けられ、人々は聖人と「同じ空気」を吸うことができた。ローマのサン・ピエトロ大聖堂では、一晩聖ペトロの墓の上にぶら下げておいた布に聖ペトロの息が掛かり、多少重みが増すという。その布をブランデアと呼び、信者に販売していた。このような聖遺物は無数にあったが、これがまさに、後世、エラスムスらに糾弾され、宗教改革へ発展するのである。

聖ヤコブの標章はホタテ貝であるため、コンポステーラの町が海沿いにあると思っている人が多いが実は内陸である。モン・サン・ミッシェルの標章も最初ホタテ貝であったというが、ホタテ貝は白く目立ち、大きさも手ごろであったために、道行く人に巡礼者であることを示すのにちょうどよかったのではないだろうか。エルサレムに行く人は十字架を、ローマに赴く巡礼者は棕櫚《しゅろ》の葉を身に着けたという。現代の巡礼者は貝を首からぶら下げて歩くが、これはやってみればわかるが非常に邪魔である。一七世紀の絵を見ると、貝は帽子やマントにしっかり縫い付けてあり、おそらくは、そのようにして用いたものであろう。

沿道の人々が巡礼者たちを遇することは美徳とみなされた。手を引いて道案内をし、食物や衣を与え、病に倒れるものの世話をすること

図 13　サン・セルナン大聖堂周歩廊（トゥールーズ）

聖遺物のある地下祭室とは開口部で繋がり、聖人と同じ空気を共有することができる。

図 14　サン・ラザール聖堂（オータン）扉の彫刻

二人の巡礼者が描かれている。前を歩く一人のパン袋には帆立貝、後ろの人の袋には十字が付いている。それぞれサンティアゴ、エルサレムに行く巡礼者であることがわかる。

はミゼリコルディアと呼ばれ、推奨された。『案内記』の中で土地の人を褒める時にしばしば「気前が良い」という表現が出てくるが、これは物惜しみせずに、持てるものを貧者に与えることを意味するのであろう。貧者に自分のマントを割いて与えたサン・マルタンの話、ル・ピュイ大聖堂の柱頭に表された「カリタス（慈愛）」の擬人像など、巡礼との関わりを想起させる。逆に、富める者が与えるものを惜しむと死後に地獄の責め苦が待っているのであった。モワサックのサン・ピエール教会扉口に刻まれた「貧者ラザロ」の話は、教会にいざ入ろうとする人に施しと貧者への敬意を忘れないよう、今でも語りかけるのである。

聖ヤコブの祝日は七月二五日である。その日が日曜日にあたる年を聖年とし、その時だけ「聖なる門」が開かれ、そこを通る人には全贖宥が与えられる。この年には多くの行事が目白押しになり、巡礼者の数も倍増し、観光に力を入れるスペインにとっては、喜ばしい年になる。しかし、長い時は一一年間聖年がやって来ない。今、まさにそのような時期にあたり、コンポステーラでは、二〇二一年まで待たずに特別に聖年を設けようという動きもあるようだ。さて、実現するだろうか。

図15　「カリタス」柱頭（ル・ピュイ聖堂回廊出自）
「慈愛」を象徴する擬人像が、左手でパンを、右手で服を貧者に与えている。

図16　栄光の門の支柱
長旅を終えた人々が柱で祈りを捧げている。

16 Vino ワイン

渡辺万里

今、スペインワインとは

スペインは、ワイン用ブドウの栽培面積世界第一位、生産量世界第三位というワイン大国でありながら、その知名度はあまり高くない。それというのも近年まで、世界的にみて高い水準に達しているといえるワインはごく一部だったからである。

恵まれた日照時間と痩せた土地が生む、アルコール度数が高く色も味も濃いワインが、それほど太陽に恵まれていない国々でバルクワインとして重宝がられていたのを別にすれば、スペイン固有の個性をもつワインへの評価は極めて限られていた。ほとんど全土でワイン用のブドウが栽培できる気候条件に恵まれたスペインの人々にとって、ワインは水より安いといわれるほどに日常的な「食品」である。だからこそ長い間「質より量」という考え方が根強く定着してきたことも、ワインの進歩を逆に妨げてきたといえる。

しかしこの二〇年ほどで、スペインワインの品質は大きく変わって

図1　マドリードのワイン店
手頃なものから超高級品まで、あらゆるタイプのスペインワインが並んでいる。

来た。スーパースパニッシュと呼ばれる高品質高価格のワインが、世界市場の人気と注目を集めている。

本章では、スペインワインは近年どのように変貌したのか。そしてこれから注目したい産地はどこか、などをみて行きたい。

スペインワイン概略

長い歴史をもちながら、質的には見るべきものの少なかったスペインワインが変貌したのは、害虫フィロキセアに禍因して仕事がなくなったフランスのボルドーから、ワインつくりの人々がリオハへと流れてきた一九世紀後半のことである。したがって、スペインで最初に近代的なワインづくりが定着したのはリオハ地方であり、そこでつくられるようになったワインはボルドータイプだったことになる。

そういった背景をもつ近代スペインのワインづくりは、根底にワイン先進国フランスへのコンプレックスを秘めたかたちで進行してきた。多くの地方でフランスワインの基盤である黒ブドウのカベルネ・ソーヴィニヨンやメルロー、白ブドウのシャルドネなど外来種のブドウの栽培が積極的に試みられてきたことも、その流れを物語っている。

しかし一九七〇年代から、量ではなく質を重視するワインづくりが

図2　さまざまな種類のヘレス

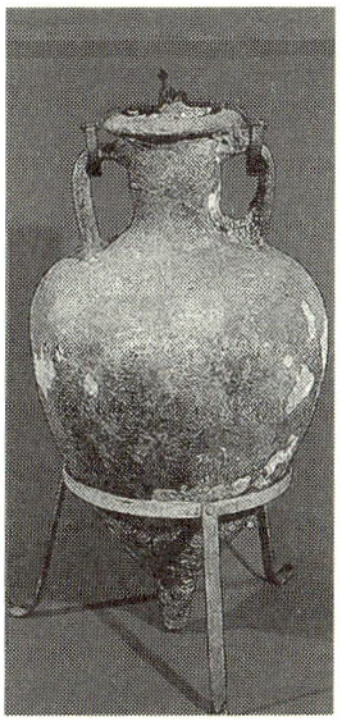

図3　アンフォーラ
イベリア半島のワインをローマ帝国へ船で運ぶために、アンフォーラと呼ばれる壺がつくられた。

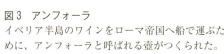

始まったとき、そのスタンスは変化し始めた。リオハに続く高級ワイン産地として台頭してきたリベラ・デル・ドゥエロは、スペインの在来種の代表格であるテンプラニージョの亜種をティンタ・デル・パイス（この国の黒ブドウ）とよんで代表品種としたし、白ワインで初めて高級ワインとしての地位を獲得したルエダは、ベルデホという在来種の白ブドウに徹底してこだわるかたちでその高級さを主張した。こうして次第に、「スペイン固有のブドウ品種」へのこだわり、そして「スペイン独自のテロワール[1]」へのこだわりが、スペインのワイン業界を動かし始めたのである。

いまやスペインワインの水準は飛躍的に上がり、フランス、イタリアといった世界のトップクラスのワインと比肩するものも少なくない。この急速な変化の原因は、国際水準の知識を身につけた若い世代が、ワインづくりと経営をバトンタッチする時期を迎えたことにある。自らのメリットを認識した彼らは、スペインでなければできない独自の個性をもつ高級ワインづくりを、確実に実現し始めている。

原産地呼称制度とその変遷

スペインでのワインの原産地呼称制度[2]がスタートしたのは、

図 4　テンプラニージョ
スペイン在来種の黒ブドウの中で、最も代表的なテンプラニージョは、多くの産地の赤ワインのベースとなっている。

1　ブドウ栽培に使われる土地がもっている、気候条件や土地質によって構成された独自の個性のこと。その個性をどのように生かすかが、ワインづくりの重要なポイントとなる。

2　原産地呼称制度に指定された産地は 60 箇所を超え、さらに増え続けている。

一九七〇年代である。現在六〇箇所以上の産地が指定を受けており、さらに増え続けている。従来は地ワインの水準だった産地がその内容を改良してきている現状をみると、指定産地が増えるのも自然なことかもしれないが、指定産地のあまりの急増ぶりに、情報を正確に把握することがなかなか難しくなってきているのも事実である。

現在の原産地呼称制度は、ピラミッド型に六つのグループから成り立っている。基本的には、上にいくほどより高水準なワインのグループということになる。しかし、ほとんど規制のかからない「ビノ・デ・メサ（テーブルワイン）」、各地域のワインというだけの緩やかな規制の「ビノ・デ・ラ・ティエラ（土地のワイン）」という二つを除くと、上位に位置する四つは実は、本来「デノミナシオン・デ・オリヘン（原産地呼称ワイン）」と呼ばれていた部分がさらに四つに分類されたものである。

要約すると、「デノミナシオン・デ・オリヘン」から、特に高品質のワインのための「デノミナシオン・デ・オリヘン・カリフィカーダ（特選原産地呼称ワイン）」というジャンルが生まれた。さらに、近年までスペインでは存在しなかった「ビノ・デ・パゴ（単一ブドウ畑限定高級ワイン）」というジャンルが生まれたが、これは元々ラ・マン

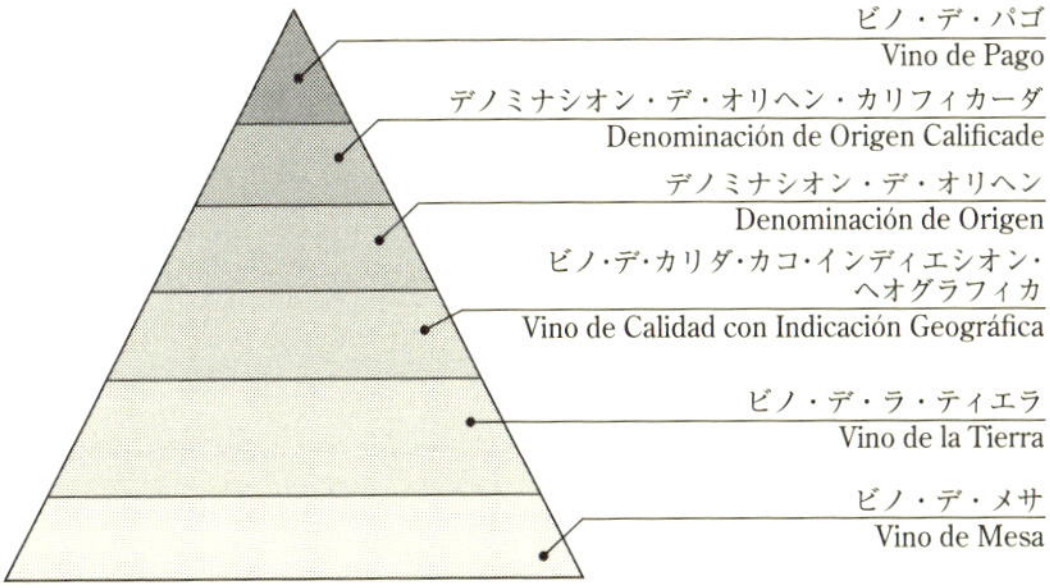

図5　スペインワインのカテゴリー図
原産地呼称制度の内訳を示すが、この分類だけでは実質はとらえきれないほど、ワインのタイプや個性は多様化しつつある。

チャ地方が提唱してきた区分で、全国的な制定としては基準が明確でない部分を残している。ここに、近い将来原産地呼称に格上げするという条件付きの「ビノ・デ・カリダ・カコ・インディエシオン・ヘオグラフィカ（地域名称付き高級ワイン）」というジャンルが付け加えられている。

さらに問題を複雑化しているのは、原産地呼称制度によるブドウ品種の制約などを嫌って、あえて格付けのないワインという体裁に止まっているにも関わらず、実際には高級なワインをつくっていることも多い。言い換えれば、品質を守り規制するために生まれたはずの原産地呼称制度だが、もうそれだけでは総括できないほど、スペインのワインが高級化し、複雑になってきたということだろう。

主要なスペインワイン

ここで、代表的なワイン産地とワインのタイプを紹介する。

①赤ワイン

リオハ、リベラ・デル・ドゥエロに続き、優れた赤ワイン産地が続々と登場している。地ワインから見事な変貌を遂げたプリオラトを皮切りにカタルーニャ地方の進化は目覚ましい。同じ地中海岸のバレンシ

図6　ラ・マンチャ地方のブドウ畑
降雨量の少ない気候条件に合わせて、低く小さく独特の形にポダ（剪定）されている。

図7　北部ガリシア地方リアス・バイシャスのブドウ畑
降雨量が多く湿度が高い気候のため、スペインでは珍しい棚作りの畑になっている。

ア、ムルシアは、ボバル、モナストレルなど独自のブドウ品種を生かすことで高級ワインへの脱皮を図っている。ガリシアとカスティーリャ・イ・レオンでは近年、メンシアという在来種のワインが進化して注目を集めている。トロ、マドリードも加えて、北部の赤ワインの人気は上昇中である。

②白ワイン

スペインでは近年まで白ワインへの関心は比較的低かったが、最近では注目すべき白ワインがいくつも登場してきている。ガリシアのリアス・バイシャスを筆頭にリベイロ、バルデオラスなどは、在来種のブドウで高品質の白ワインをつくっている。バスクの微発泡性のチャコリも輸出に耐える品質のものができて人気が出てきた。ルエダ、リオハ、さらにはペネデスの白ワインも再認識されてきている。

③カバ

スペインの代表的なスパークリングワインであるカバは、原産地呼称制度の中で唯一、生産する地方を限定されていない。つまりどこの地方で生産してもカバと呼ぶことができる。元々カタルーニャのワイン業者がフランスのシャンパーニュを真似てつくり始めたのがカバであるが、現在ではシャンパーニュとはまた違うブドウ品種を生かして

図8　カタルーニャ地方のカバの醸造所
独特の建築様式をもつ蔵もあり、見学客も多い。

図9　アンダルシア地方ヘレス・デ・ラ・フロンテーラのシェリー酒の蔵
ボタと呼ばれる大ぶりの樽にシェリーの原酒が眠っている。

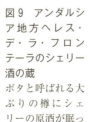

独自の個性を築いてきたカバの魅力が、高く評価されている。

④ヘレス（シェリー）

スペインの南端の県、カディスでつくられる酒精強化ワインが、ヘレス（シェリー）と呼ばれる。大西洋性気候と地中海性気候の接点、アフリカの砂漠の影響、高い湿度といった特殊なミクロクリマ（微気候）と、パロミノという白ブドウ、ワインを熟成させるためのソレラというシステムが揃って初めてヘレスが生まれる。ヘレスは発酵の形態によってさまざまな種類が生まれ、さらに熟成の期間によっていくつかのグレードに分かれるが、最近では、原酒の時点で特に優れているものを、通常よりさらに長く熟成させた贅沢なタイプのものに人気がある。

これからのスペインワイン

二一世紀のスペインワインは、まだまだ面白くなる。スペイン料理と同じくワインもまた、さまざまな価値観やスタンスの取組みが混在する時代を迎えているからである。新しい産地に押されるようにしてコンセプトの見直しを迫られ、伝統と革新の同居する優れたワインを生み出しつつあるリオハやペネデス。「ビノ・デ・パゴ」という新し

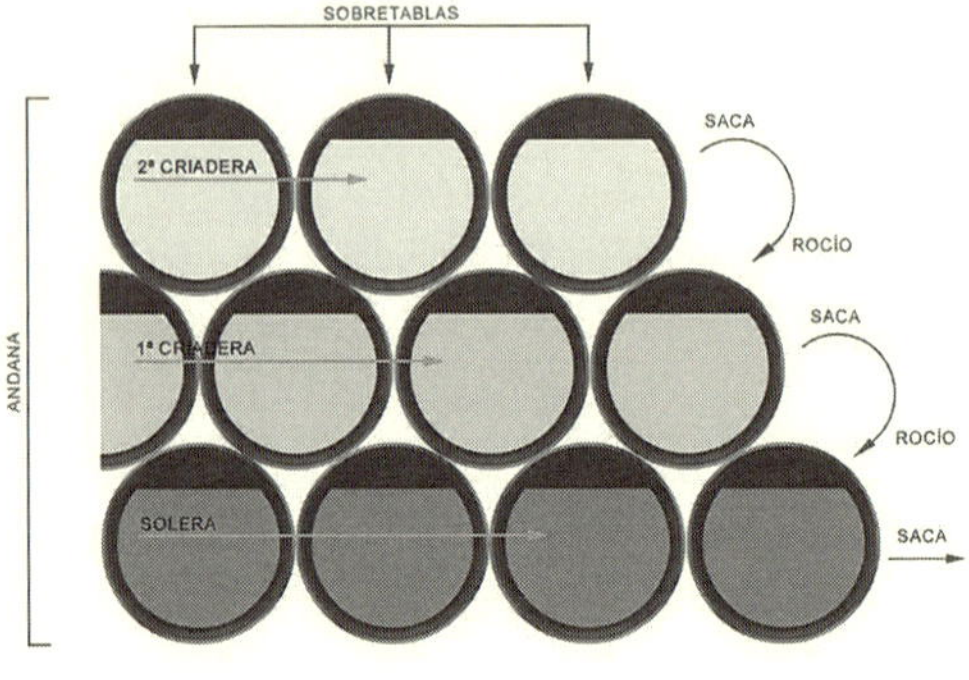

図10　シェリー酒の熟成システム、ソレラ
上の樽から下へと徐々に酒を移し替えていくことで、古いワインに新しいものが少しずつ混ざりながら熟成していく。

い括りの中で、よりフランス的な負荷をかけてさらなる高級化を計るワイナリーなど、興味深い試みは色々あるが、注目したいのは、若いエノロゴ（ワイン醸造技術者）たちのさまざまな挑戦だろう。

彼らの最近の挑戦のキーワードは「知られざる産地」と「忘れられていたブドウ品種」である。無名の産地に新しいコンセプトのワイナリーを立ち上げ、埋もれていたブドウ品種を新しいワインへと変身させる。こういった挑戦によって、最近まで想像もできなかったモダンなタイプのワインが、スペインから世界へと発信され始めている。

この世代のつくるワインの特徴の一つは、今までのスペインワイン特有の「重さ」に対する「軽さ」であり、「濃厚さ」に対する「冷涼さ」である。また、最近ではエコロジーへの関心も高く、質のいいビオ・ワインも続々と登場してきている。

かつて「リオハを飲もう」と言えば「上等のワインを飲もう」という意味の同義語だったのに、今では「メンシアのワインを」という風にブドウ品種を指定する、あるいは「ラウル・ペレスのワインを」というように醸造家を指定する時代が訪れたスペインワインの世界。まだまだの進化を期待したい。

図11　アルバロ・パラシオ
カタルニア地方プリオラトの醸造家の一人。

図12　テルモ・ロドリゲス
現代スペインを代表する醸造家の一人。

17 サッカー

Fútbol

安田圭史

スペイン人の「愉しみ」

週末のスペイン人のバル（立ち飲み屋）はごった返すことが多い。人々はバルに飲みに来ているだけでなく、「サッカー」を観に来ているからである。スペインのサッカー一部リーグ、リーガ・エスパニョーラ（以下、リーガ）は、現在世界最高の選手と呼ばれるアルゼンチン人フォワードのリオネル・メッシやその最大のライバルとされるポルトガル人フォワードのクリスティアーノ・ロナウドなどを擁し、そのレベルの高さから国内外に多くのファンをもつ。リーグ戦のほとんどは基本的には土日に行われているが、レアル・マドリード（以下、レアル）やFCバルセロナ（以下、バルサ）のような人気チームの試合は、テレビで無料放送されていないため、バルが客集めも目的として、有料放送の月額視聴料を払い、客に提供しているのである。二〇一二年の法改正により、サッカー観戦のチケットやサッカーの有料放送の消費税率が八％から二一％に引き上げられた今、週末のバルでのサッカー

図１　サンティアゴ・ベルナベウ
レアルのホームスタジアム。

観戦は、庶民の数少ない「愉しみ」の一つといえるかもしれない。

一九二八年に開始されたリーガは、九〇年近くの長い歴史と伝統をもつ。現在二〇チームが所属するリーガでは、各チームが毎年八月頃から翌年五月頃にかけてホーム＆アウェイ方式によって計三八試合を戦い、その総勝ち点で順位を決定する。加えてレアルやバルサのような有力チームは、「ヨーロッパチャンピオンズリーグ」（以下チャンピオンズリーグ）というイングランドやドイツをはじめとするヨーロッパのサッカー列強の上位チームとの同じくホーム＆アウェイ方式の試合もこなす。これらの試合は、基本的に火曜日か水曜日の夜に行われている。さらに、「スペイン国王杯」という日本の天皇杯にあたる大会もあり、毎年秋から翌年春にかけては、サッカーから目が離せない日々となる。

暴力問題と八百長問題

リーガの中で、レアルとバルサの試合は、「エル・クラシコ」（古典の意）と呼ばれ、格段の盛り上がりをみせる。また、レアルとマドリードにおけるレアルの最大の対抗馬であるアトレティコ・デ・マドリード（以下、アトレティコ）のような同じ都市にホームタウンを置くチー

図2　サンティアゴ・ベルナベウの内部

ムの対決は、「エル・デルビ」（ダービーの意）と呼ばれる。バルセロナも同様に、本拠地であるバルサとライバルチームのエスパニョール（二〇〇九～一〇年シーズンには元日本代表の中村俊輔が在籍）の対決も例外ではない。

これらの試合では、日頃からサッカーに熱狂する市民がライバルチームを意識してさらに熱狂的になり、それが時には暴力事件に発展することもある。[2] 例えば、これは「エル・クラシコ」や「エル・デルビ」ではないものの、二〇一四年一一月、アトレティコの熱狂的なファン組織である「フレンテ・アトレティコ」と対戦相手のデポルティーボ・デ・ラ・コルーニャ（以下、デポルティーボ）のファンクラブである「リアソル・ブルース」が試合前に乱闘し、デポルティーボのファン一名が死亡する事件が起こった。現在リーガは、ファンの間での暴力行為に対して、当該ファンのみならず、ファンが応援するクラブにもより厳しい罰金を課すなどの対応を行っている。

一方でリーガが近年厳しく取り締まろうとしているのが、リーガにおける八百長の問題である。弁護士でもあるハビエル・テバス会長は、二〇一三年四月のリーガ会長就任後、この点に特に強い関心を示してきた。二〇一四年一〇月、テバス会長は、二〇一一年五月二一日、

1　リーガの会長であるハビエル・テバスは、死亡事件にまで発展した事実を受けて、「暴力沙汰を起こすファンは、ファンではなく、ただの犯罪者である」として、事件を厳しく非難した。

2　実際、前述の事件に直接的に関与し、年会費を支払っていたアトレティコのファンは、クラブから永久追放され、「リアソル・ブルース」を公式ファンクラブと認めていたデポルティーボも総額７万ユーロ（約1,000万円）の罰金を課された。

二〇一〇～一一年シーズンの最終節に行われたレバンテとサラゴサの試合で、明白な八百長があったと明らかにした。最終節において、降格圏にいたサラゴサは、すでに一部リーグ残留が決まっていたレバンテに八百長を持ちかけ、最終的に両チーム間で金銭のやり取りが行われたとされる。その後の試合の結果は、サラゴサがレバンテを二対一で破り、サラゴサの残留が決定した。金銭を提供したのは、当時のサラゴサの会長であるアガピト・イグレシアスであった。つまり、この八百長は、ほかならぬクラブのトップの主導で実行されていたのである。また、この件には、二〇一四年末には日本代表監督を務め、二〇一〇～一一年シーズンにはサラゴサの指揮を執っていたハビエル・アギーレも関与していたという。この疑惑によって、二〇一五年二月アギーレが日本代表監督を解任されたことは我々の記憶に新しい[3]。また、同シーズン当時サラゴサの主将であり、二〇一四～一五年シーズンにはアトレティコの主将を務めたミッドフィルダーのガビもこの件に関わったとされており、仮に検察によって事件の信憑性が証明され、関連した人物が逮捕ということになれば、スペインサッカーにとって大きな「汚点」になるだけでなく、スペインがサッカー大国としての「国際的地位」を失ってしまうことにもなりかねないであろう。

3　その後アギーレは、アラブ首長国連邦のクラブ、アル・ワフダFCの監督に就任した（2015年6月）。

図3　デ・ラ・モレナの回想録の表紙
人気のラジオ番組「エル・ラゲロ」の放送開始25周年を記念して2014年に出版された。

人気ラジオ番組「エル・ラルゲロ」

　スペインサッカーを楽しむうえで、欠かせないツールといえるのがラジオの存在である。リーガやチャンピオンズリーグの試合の大部分は、今やテレビでは無料放送されておらず、多くの人々はもっぱらラジオを通してサッカーの試合に一喜一憂している。そして、毎日夜一二時から一時間半、その日行われた試合結果と分析、各チームの状況、そのほかのスポーツの情報に至るまで詳しく知ることができる番組が、スペインで長期間人気を誇っている。有力民放ラジオ局カデナ・セールによって、二五年以上の長きに渡って放送されている「エル・ラルゲロ」（スペイン語でクロスバーの意）のことである。この番組のパーソナリティは、スペインのスポーツジャーナリズム界最大の「カリスマ」といってもよいホセ・ラモン・デ・ラ・モレナである。一九五六年生まれのデ・ラ・モレナは、これまで三〇年以上の取材経験があり、サッカーだけでなくさまざまなスポーツの分野について幅広い見識をもっている[4]。

　デ・ラ・モレナは毎日、レアルとバルサを中心としてリーガのチームの詳細な分析を行い、時には歯に衣着せぬ物言いでチームの現状を厳しく批判したりもする。その際、傍らにいるのは、スペインの有力

4　デ・ラ・モレナは、スペインが誇る世界的スポーツ選手であるラファエル・ナダル（テニス）やパウ・ガソル（バスケットボール）、またフェルナンド・アロンソ（F1）などとの親交も深い。

Primeros puntos para Sainz
as
Quedó noveno en una carrera que dominó Hamilton ● Desastre de McLaren: solo acabó Button y último
20
DOBLETE DEL GALES Y TRIUNFO CÓMODO DE UN MADRID DE MÁS A MENOS
TERAPIA BALE
PARA EL CAMP NOU
EL VIAJE COMIENZA AQUÍ

図4　『アス』（2015年3月16日号）
前日のレアル対レバンテ戦の結果（2対0）とゴールを決めたレアルのウェールズ人フォワード、ガレス・ベイルが前面に出ており、このスポーツ紙の「レアルびいき」が明白である。

スポーツ紙『アス』の名物編集長であるアルフレッド・レラーニョである。レラーニョは、典型的な「レアルびいき」のジャーナリストで大抵「レアル寄り」のコメントをするが、デ・ラ・モレナはアトレティコファンを自称しているものの、アトレティコを含むすべてのチームに対して、より率直に自分の意見を言い、それは聞いていて本当に心地が良い。もちろんリスナーとして共感できないときもあるが、レアルのフロレンティーノ・ペレス会長などの「大物」を相手にしたときも一歩も引かず、問題の核心に迫る様は痛快でもある。

リーガの「二極化」問題

リーガではここ数年「二極化」の流れが顕著である。というのも、近年のリーガではバルサやレアルのような強豪チームの勝ち点と下位チームのそれに、これまでにない大きな開きが出ているからである。例えば、二〇一二～一三年シーズンをみると、優勝したバルサは一〇〇点、二位のレアルは八五点を取っているが、最下位のサラゴサは三四点しか取っていない。[5] 首位のバルサとの間には実に六六点の勝ち点の差がある。これを一九九九～二〇〇〇年シーズンでみてみると、優勝したデポルティーボは六九点、二位のバルサが六四点なのに対し、

5　2013～14年シーズンも、優勝したアトレティコは90点を取っているのに対して、最下位のベティスは25点にとどまっており、同様の傾向がみられる。

図5　カンプ・ノウ
バルサのホームスタジアム。
（©スペイン政府観光局）

最下位のセビリャは二八点である。首位との間には四一点の勝ち点の差はあるものの、近年顕著となっているような差ではない。さらにそれぞれの首位のチームをみてみても、二〇一二～一三年シーズンのバルサの方がより多い勝ち点を取っており、これは首位チームの勝ち試合が一九九九～二〇〇〇年シーズンよりも大幅に増えていることを意味している。実際、一九九九～二〇〇〇年シーズンのデポルティーボの勝ち試合は二一試合なのに対し、二〇一二～一三年シーズンのバルサは三二試合に勝利している。試合に勝った場合、勝ち点は三点なので、バルサはデポルティーボと比較して勝ち点を三三点分も上積みしたことになる。その分、リーガの中位、また下位のチームは、バルサやレアルに大幅に引き離されているといえる。二〇一三～一四年シーズンに一八年ぶりに優勝を果たしたアトレティコはこの「二強」に割って入ることになったが、アトレティコが「三強目」として「二強」の仲間入りをしたに過ぎず、「二極化」しているリーガの勢力図は大きくは変わっていない。

「強者」と「弱者」の分化により拍車がかかることになった一つのきっかけは、二〇〇〇年七月にレアルの会長に就任したフロレンティーノ・ペレスがつくったといってよい。ペレス会長は、レアルを世界中

6　移籍金は約 6,100 万ユーロ（約 85 億円）。
7　移籍金は約 7,800 万ユーロ（約 109 億円）。
8　移籍金は約 4,500 万ユーロ（約 63 億円）。
9　移籍金は約 3,500 万ユーロ（約 49 億円）。
10　移籍金は約 8,000 万ユーロ（約 112 億円）。

図 6　有力スポーツ紙『マルカ』の選手名鑑（2013～14 年シーズン）
毎年 8 月頃に発売される。

のスター選手を擁する「銀河系軍団」にするため、「金に糸目をつけず」積極的な補強を行った。スペイン最大のゼネコンであるACS社の最高経営責任者（CEO）であるペレス会長は、常に豊富な資金をレアルに提供し、ポルトガル代表のミッドフィルダー、フィーゴ（二〇〇〇年契約[6]）、フランス代表のミッドフィルダー、ジダン（二〇〇一年契約[7]）、ブラジル代表のフォワード、ロナウド（二〇〇二年契約[8]）、イングランド代表のミッドフィルダー、ベッカム（二〇〇三年契約[9]）、コロンビア代表のミッドフィルダー、ハメス・ロドリゲス（二〇一四年契約[10]）など才能があり、かつ宣伝効果の高い選手との「破格」の大型契約を次々に実現した。資金的に余裕のあるクラブは、こうしたレアルの方針に追随する一方で、資金難に苦しむ中位、下位チームはほとんど補強できないという状態が続き、今日の状況を生んだのである。

今のところ、ここ数年のリーガは、優勝に関してはバルサ、レアル、アトレティコが早々に抜け出して争い、ほかのほとんどのチームは始めから残留争いを主な目的としていて、より多くのチームが優勝争いに絡んでいた以前ほどの面白みに欠けるといえる。今後スペインサッカーがスペインのみならず、世界のファンを魅了し続けるには、こうした明らかな「格差の是正」も必要になるであろう。

図7　2013年に発売されたアトレティコの軌跡を辿った本

※本章は2013年度龍谷大学国内研究員としての研究成果の一部である。

【スペイン文化年表】

年	政治・社会	文　化
前15000～		マドレーヌ期．アルタミラの洞窟画などが描かれる（1985年、世界遺産登録）
前1000以降	フェニキア人（カディスの建設）とギリシャ人イベリア半島に到来．ピレネー経由でケルト人（印欧語族）侵入．	
前660頃	カルタゴ人、イビサを建設．	
前400-300頃		イベロ人装飾・彩色の彫刻「バサの貴婦人」「エルチェの貴婦人」などがつくられる．
前 264	ローマとカルタゴの間に第一次ポエニ戦争勃発（-前 241）．	
前 237	カルタゴのハミルカル・バルカスがカディスに上陸．	
前 218	第二次ポエニ戦争勃発（-前 201）、ローマ軍イベリア半島に上陸	
前 149	第三次ポエニ戦争勃発（-前 146）．	
前 143	ケルト・イベリア人のローマ人への第一次反抗．	
前 47	ケルト・イベリア人のローマ人への第二次反抗．	
前 27 頃	アウグストゥス、半島を 3 属州（タラコネンシス、ベティカ、ルシタニア）に再編．	
後 2	ローマ軍半島を制圧、ローマ人はイベリアをヒスパニアとよぶ．	
65		ヒスパニア出身の哲学者セネカの自殺
98	ヒスパニア出身の皇帝即位．トラヤヌス帝（在位 98-117）、ハドリアヌス帝（在位 117-138）．	
407	ゲルマン諸族、半島に侵入．	
507	西ゴート人は全面的にイベリア半島に移動．西ゴート王国の成立．	
593	トレドが西ゴート王国の首都となる．	
589	第 3 回トレド宗教会議で西ゴート王国のカトリックを公認宗教と宣言．	
711	イスラム勢力の半島侵入．ロドリーゴ王の率いる西ゴート軍を破る．	
722	ペラヨの率いるキリスト教徒軍が勝利し、アストゥリアス王国成立．	
756	アブドル・アフマーン 1 世即位、アル・アンダルスはダマスコのカリフから独立．ウマイア朝カミール成立．	
785	コルドバのメスキータ着工．	
812-814		聖ヤコブ（サンティアゴ）信仰につながる墓の発見．
813		教会のミサでの説教が民衆語で行われ始める．
874	バルセロナ伯ビフレド王即位（-898）．カタルーニャのフランクからの独立．	
914	アストゥリアス王国は首都をレオンに移し、レオン王国の成立．	

1031	コルドバ・ウマイヤ朝崩壊．アル・アンダルスはタイファ（群小諸国）分立割拠時代の開始．同じ頃ナバラ王サンチョ3世はキリスト教スペイン諸国をほぼ統一（-35）．	
1035	カスティーリャとアラゴン王国の独立．	
1064	サラゴサ、トレド、バダホス、セビリャのイスラム教国はカスティーリャの朝貢国となる．	
1070		ブラガ司教区の復活．サンティアゴ・デ・コンポステラ大聖堂の建設開始（-1211）．
1085	カスティーリャ軍、トレドを征服．	
1094	エル・シッドがバレンシアを征服（-99）．	
1128	ムラービト王朝、モサラベとユダヤ教徒を追放．	
1137	アラゴンとカタルーニャ、連合王国の成立．	
1140頃		作者不詳の叙事詩『わがシッドの歌』成立．
1148	カタルーニャでの国土回復戦争の完了．	
1155	カラトラーバ宗教騎士団の創設．	
1188	レオン王国の最初の議会の開催．	
1208		パレンシア大学創立（スペイン初の大学）．
1212	ラス・ナーバス・デ・トローサでキリスト教諸国軍、ムワッヒド軍に決定的勝利．	
1214	カタルーニャ最初の議会、レリダで開催．	
1215		サラマンカ大学創立．
1230	レオンとカスティーリャ、最終的に統一．	
1235	ナスル朝の創始者ムハマド、グラナダを占領し、グラナダ王国を建国．	
1247	アラゴン最初の議会、ウエスカで開催．	
1251		アルフォンソ10世『七部法典』の編纂開始（-63）．
1265	バルセロナ市で「百人会議」の創設．	
1300		レリダ大学創立（アラゴンで最初の大学）．
1348	半島に黒死病（ペスト）が流行．	
1369	カスティーリャにトラスタマラ朝成立（-1504）．	
1391	セビリャでユダヤ人虐殺が勃発し、それが半島全土に波及．この頃からコンベルソ急増．	
1401		セビリャ大聖堂の建設、サラマンカ大学で国内初の学寮コレヒオ・マヨルを建設．
1412	トラスタマラ朝、アラゴン連合王国の王位に即く（-1516）．	
1443頃		イタリア・ルネサンスがイベリア半島に伝播．
1469	アラゴン連合王国王子フェルナンドとカスティーリャ王女イサベルの結婚．	
1474	イサベル、カスティーリャ王に即位（-1504）．	バレンシアとサラゴサで最初の印刷本．
1480	異端審問所、セビリャで活動開始．	
1481	グラナダ戦争の開始．	
1492	グラナダ開城．カスティーリャ・アラゴン連合王国からユダヤ教徒追放．	コロンブス、インディアス到達．人文学者ネブリハ『カスティーリャ語文法書』完成．

1494	教皇アレクサンデル6世の仲介でカスティーリャとポルトガル、トルデシーリャス条約を締結、大西洋上の分界線を確定.	
1496	教皇アレクサンデル6世、イサベルとフェルナンドに「カトリック両王」の称号授与.	
1499		フェルナンド・デ・ロハスの『ラ・セレスティーナ』刊行.
1500	カナリア諸島征服完了.	バレンシア大学創立.
1502	グラナダのイスラム教徒に、キリスト教改宗か国外追放かを迫る勅令.	
1503	セビリャ通商院の設立.	
1508		騎士道物語『アマディス・デ・ガウラ』成立. アルカラ・デ・エナレス大学創立.
1511	インディアス統治のあり方をめぐる論争始まる.	
1516	フェルナンド2世没. ブリュッセルでカルロス1世即位(-56). スペイン・ハプスブルク朝(-1700)の宣言.	スペイン「黄金世紀」の始まり.
1517	カルロス1世、フランドルの寵臣に伴われスペインに到着.	
1519	カルロス1世、神聖ローマ皇帝(カール5世)に選出.	スペイン王の命によりポルトガル人マゼランが地球周航に出発.
1521	コルテスのメキシコ征服.	マゼラン部下のエルカーノによる初の地球周航達成.
1532	ピサロがインカ皇帝を捕らえる.	
1540	イグナシオ・デ・ロヨラ、イエズス会創立.	人文学者ドーベス没.
1541	ピサロ暗殺される.	エル・グレコ誕生(-1614).
1545	ペルーのポトシー銀山発見.	
1547		作家ミゲル・デ・セルバンテス・サアベドラ誕生(-1616).
1553		メキシコ大学創立.
1554		作者不明のピカレスク・ノベル『ラサリーリョ・デ・トルメス』刊行.
1556	カルロス1世没(退位)、弟のフェルナンド1世が皇帝、長男のフェリペ2世がスペイン王に即位.	マドリード議会、闘牛反対の決議.
1557	フェリペ2世、第1回破産宣言.	
1548		後期ルネサンス宗教音楽の巨匠トマス・ルイス・デ・ビクトリア誕生(-1611).
1561	マドリード遷都.	詩人ルイス・デ・ゴンゴラ誕生(-1627).
1562		劇作家ロペ・デ・ベガ誕生(-1635).
1563	エル・エスコリアル宮殿の着工(-84).	
1568	スペイン領でオランダ独立戦争の勃発.	
1569		詩人アロンソ・デ・エルシーリャ・イ・スニーガ『ラ・アラウカーナ』発表.
1571	レパントの海戦. スペイン・ベネチア海軍、オスマントルコ海軍を破る. アカプルコとマニラを結ぶ太平洋交易開始(-1815).	ペルーのサン・マルコ大学創立.
1580	フェリペ2世ポルトガル王位を継承.	作家フランシスコ・デ・ケベード誕生(-1645).
1584	天正遣欧使節、フェリペ2世に謁見.	
1586		エル・グレコ《オルガース伯爵の埋葬》.

1588	イギリス海軍、スペイン無敵艦隊を撃破.	
1599		ディエゴ・ベラスケス誕生（-1660).
1605		ミゲル・デ・セルバンテス『ドン・キホーテ』（続編 1615）発表.
1609	モリスコの追放（-14).	
1614	慶長遣欧使節、フェリペ3世に謁見.	グレコ没.
1616		セルバンテス没.
1639	ダウンズの海戦でオランダ・イギリスの連合艦隊、スペイン艦隊を撃破.	
1656		ベラスケス《ラス・メニーナス》.
1660		ベラスケス没.
1665	カルロス2世、4歳で即位.	
1680		『インディアス法典』完成.
1681		カルデロン・デ・ラ・バルカ没.
1700	カルロス2世没、ハプスブルク朝断絶. ブルボン朝フェリペ5世即位.	
1701	スペイン継承戦争の勃発（-14). スペインブルボン王朝時代開始.	
1704	イギリス軍、ジブラルタルを占領.	
1707	フランス軍、スペイン全土の大半を掌握.	
1713		国立言語アカデミー創立.
1724	フェリペ5世の退位、その子ルイス1世の即位、ルイス1世没. フェリペ5世の復位.	
1744		サン・フェルナンド美術アカデミア創立.
1746	フェルナンド6世の即位（-59).	画家フランシスコ・デ・ゴヤ誕生（-1828).
1753	教皇庁と宗教協約を結び、教会を国家の管理下におく.	
1759	カルロス3世の即位（-88).	
1760	国富調査のための土地台帳委員会の設立.	
1765	インディアス貿易自由化.	
1766	食糧価格の騰貴により諸都市に暴動が発生、改革推進者エスキラーチェ失脚.	
1767	イエズス会士の追放（-73、同会解散).	
1788	カルロス4世の即位（-1808).	
1789	フランス革命勃発.	ゴヤ、宮廷の首席画家となる.
1792	マヌエル・ゴドイ、国政を掌握.	『ディアリオ・バルセロナ』紙創刊.
1797		ゴヤ《裸のマハ》《着衣のマハ》(-1803).
1805	トラファルガー海戦が勃発し、イギリス海軍がフランス・スペイン連合艦隊を撃破.	
1807	ゴドイ、ポルトガルへ進軍するフランス軍のスペイン通過を容認.	
1808	アランフェスの暴動. ゴドイの失脚. カルロス4世の退位. フェルナンド7世の即位(1808、1814-33). カルロス4世の退位の撤回. カルロス4世のナポレオンへ王位の諸権利の譲渡. ナポレオンの兄がホセ1世としてスペイン王に即位. ナポレオンが大軍を率いてスペインに入国.	
1809	イギリス軍、ラ・コルーニャに上陸. スペインをほぼ占領.	
1810		ゴヤ『戦争の惨禍』（版画集）着手.

1812	「1812年憲法（カディス憲法）」の制定. ウェリントン将軍、サラマンカでフランス軍を撃破. ホセ1世のマドリード退去.	
1813	異端審問制度の廃止（最終的廃止は34）. フランス軍のスペインから撤退. ナポレオンのフェルナンドへ王位の返還.	ゴヤ《黒い絵》(-23).
1828		ゴヤ没.
1833	フェルナンド7世没、カルリスタ戦争勃発(-76)、イサベル2世の即位（-68）.	バルセロナで蒸気機関始動.
1841		音楽研究家フェリペ・ペドレル誕生(-1922).
1844	グアルディア・シビル（治安警備隊）創設.	バイオリン名手パブロ・サラサーテ誕生(-1901).
1847		セビリャでフェリア（祭・市）が初開催.
1848		スペイン初の鉄道開通（バルセロナとマタロ間）.
1852		建築家アントニ・ガウディ誕生（-1926）.
1855	バルセロナで最初のゼネスト.	
1856		サン・フェルナンド銀行が中央銀行の役割をもつスペイン銀行となる.
1860		作曲家イサーク・アルベニス誕生(-1909).
1866		小説家ラモン・マリア・デル・バリェ・インクラン誕生（-1936）.
1868	イサベル2世のスペインからの退去、ブルボン朝崩壊.	
1869	普通選挙制施行.「1869年憲法」の公布.	
1870	イタリアのサヴォイ家アマデーオ（1世）が王位に即く.	
1873	アマデーオ1世の退位、国民議会は共和制を宣言. スペイン第一共和国の成立.	
1874	ブルボン朝による王政復古（-1931）. アルフォンソ12世、マドリードに入る.	
1875		詩人アントニオ・マチャード誕生(-1939).
1876	「1876年憲法」公布.	作曲家マヌエル・デ・ファリャ誕生(-1946).
1878		ヴァイオリン名手サラサーテ「ツィゴイネルワイゼン」発表.
1881		画家パブロ・ピカソ誕生（-1973）. 詩人フアン・ラモン・ヒメネス誕生(-1958).
1882		ガウディ、サグラダ・ファミリア聖堂着工.
1888	労働者総同盟（UGT）結成.	バルセロナ万博開催.
1890		バスク・ナショナリスタ運動の開始. 創始者はサビーノ・アラナ.
1891		画家マックス・エルンスト誕生（-1976）. ギター作曲家フェデリコ・モレーノ＝トローバ誕生（-1982）.
1893		画家ジョアン・ミロ誕生（-1983）. 作曲家フェデリコ・モンポウ誕生(-1987). アンドレス・セゴビア誕生（-1987）.

1896		詩人アンドレ・ブルトン誕生（-1966）.
1898	米西戦争勃発.	詩人フェデリコ・ガルシア・ロルカ誕生（-1936）.
1899		FC バルセロナ創設.
1901		ピカソ 19 歳、パリで初個展.「青の時代」の始まり（-04）. 作曲家ホアキン・ロドリーゴ誕生（-99）.
1902		レアルマドリード創設
1904		ピカソ「ローズの時代」(-07). 劇作家ホセ・エチェガライ（1832-1918）、スペイン人初のノーベル文学賞受賞. 画家サルバドール・ダリ誕生（-89）.
1909		ピカソ、キュビスム創始（-18）.
1911	全国労働連合（CNT）結成.	
1916		アントニオ・ブエロ・バリェホ誕生（-2000）.
1918		ピカソ「新古典主義の時代」(-25).
1920		マックス・エルンスト、コラージュ作品制作. ハシント・ベナベンテ（1866-1954）ノーベル文学賞受賞.
1923	プリモ・デ・リベラ独裁開始（-30）.	アントニ・タピエス誕生（-2012）.
1924		アンドレ・ブルトンの著書『第一宣言』刊. シュルレアリスム開始.
1925		ピカソ「シュールレアリスムの時代」(-36). 作家カルメン・マルティン・ガイテ誕生（-2000）.
1926		劇作家アルフォンソ・サストレ誕生. サグラダ・ファミリア、「誕生のファサード」完成. ガウディ没.
1927	イベリア・アナキスト連合（FAI）結成.	
1928		最初のパラドール開業（グレドス山中）.
1929		オルテガ・イ・ガゼー『大衆の反逆』刊行.
1931	統一地方選挙の実施. スペイン第二共和国の成立. 第二共和国憲法の公布.	
1933	スペイン右翼自治連合（CEDA）結成. スペイン・ファランヘ党（FE）結成.	ガルシア・ロルカ「血の婚礼」発表.
1934	アストゥリアス 10 月革命の勃発.	
1936	総選挙で人民戦線派が勝利し、人民戦線内閣の誕生. スペイン領モロッコの陸軍蜂起. スペイン内戦勃発.	ガルシア・ロルカ、叛乱軍に銃殺される. 画家アントニオ・ロペス誕生.
1937		ピカソ《ゲルニカ》発表（パリ万博）.
1939	フランコ叛乱軍の勝利、内戦終結の宣言、第二次世界大戦における中立宣言.	
1942		カミロ・ホセ・セラ処女作『パスクアル・ドゥアルテの家族』発表.
1945	ポツダム会談で「反スペイン声明」の発表.	
1946	国連のスペイン加盟不承認決議およびスペイン駐在各国大・公使召還勧告.	
1947	フランコ、スペインを王国と規定した国家元首継承法を提案、終身国家元首となる.	

1948	フランコ、ドン・フアンと会談．ドン・フアンの長男フアン・カルロスのスペインでの教育を決定．	
1950	国連、対スペイン決議を撤回．	
1952	ユネスコに加盟．	
1953	バチカンとの政教条約の締結． 米・西相互防衛条約締結．	
1954		イグナシオ・アルデコア（1925-69）『閃光と血』刊行．
1955	国連加盟．	
1959	米・西経済援助協定の調印．	
1963		バルセロナにピカソ美術館創設．
1967	国家組織法公布．信教の自由を承認．	
1968	第二次経済社会発展計画承認．	カスティリェット『九人の新進気鋭の詩人』発表．
1971	フランコ、フアン・カルロスを後継者に指名．	
1972	フアン・カルロス王子夫妻訪日．	トレンテ・バリェステル『J・Bのサーガ／フーガ』発表．
1973		ピカソ没． フアン・マルセー『私が倒れたと聞いたなら』発表．チェロリストのパブロ・カザルス没．
1974	フランコ入院、フアン・カルロス王子初の臨時国家元首．	
1975	フランコ没．フアン・カルロス1世即位．	
1976	政治改革法成立．	
1977	ソ連など東欧4か国に大使館創設．共産党合法化．内戦後初の第1回総選挙．カタルーニャ自治政府発足．	詩人ビセンテ・アレイクサンドレ、ノーベル文学受賞．
1978	新憲法（1978年憲法）、国民投票で承認．	
1979	第2回総選挙で民主中道連合が勝利．	
1981	治安警備隊約150人の国会乱入事件（23-F事件）．	ニューヨークから、《ゲルニカ》スペインに返還．
1982	NATO加盟．第3回総選挙で社会労働党が勝利．	
1983	刑法改正（マリファナ所持・妊娠中絶などを合法化）．	ミロ没．
1985	ゴンサレス首相初来日．	アデライダ・ガルシア・モラーレス小説『エル・スール』発表（ビクトル・エルセが映画化）．
1986	EC正式加盟．NATO残留国民投票（残留決定）．第4回総選挙で社会労働党が勝利．	「新バスク料理」運動開始．
1987		アンドレス・セゴビア没．
1989	総選挙で社会労働党辛勝．	
1991	第1回イベロアメリカ・サミット開催（スペイン、ポルトガルを含む21か国参加）．	カミロ・ホセ・セラ、ノーベル文学賞受賞．ダリ没．ドロレス・イバルリ没．
1992	EU条約批准（1993年統一市場発足）．	バルセロナ・オリンピック開催．セビリャ万博開催．レイナ・ソフィア美術館開館．
1993	総選挙で社会労働党がカタルーニャ同盟の支持により政権維持．	
1994	天皇皇后両陛下のスペイン訪問．	

1995	地方選挙で社会労働党が敗北．ソラナが外相を辞任し、NATO 事務総長に就任．	ヨーロッパ最大規模の水族館バルセロナに開館．
1996	総選挙で国民党が勝利し、アスナール政権成立．国会で、内戦期に共和国を支援した「国際旅団」に敬意、ただし国王やアスナール首相は欠席．	
1997	イギリスがスペインのジブラルタル共同統治案を拒否．	ビルバオにグッゲンハイム美術館開館．
1998	GAL（反テロリスト解放グループ）事件で治安対策の政府高官に有罪判決、収監．ETA が無制限停戦を宣言（1999 年 12 月破棄）、バスク州議会選挙で民族派が勝利．	
1999	ヨーロッパ統一通貨ユーロ導入． 総選挙で国民党が単独過半数を獲得．	
2002	外国人法の改正．	カミロ・ホセ・セラ没．
2004	マドリードのアトーチャ駅で同時列車爆破テロ 191 名が死去（11-M 事件）．全土で反テロ・デモに 1 千万人参加．社会労働党のサパテロ政権樹立．イラクにおけるスペイン軍の撤退決定発表．	アントニオ・ガデス没．
2005	「治安・テロ・民主主義首脳会議」のマドリード行動計画を発表．同性間の結婚を認める民法改正．欧州（EU）憲法批准（加盟 25 か国で初めての国民投票）．バルセロナで、EU・地中海諸国首脳会議．第 15 回イベロアメリカ・サミット首脳会議．	スペイン・フランス・イタリア合作の伝記映画「海を飛ぶ夢」第 77 回アカデミー賞最優秀外国映画賞受賞．
2006	フランコ体制下において不当な判決を受けた国家補償の法案を閣議決定．スペイン内戦末期にフランコ軍が押収した記録文書をバルセロナの民族史料館に帰属．	
2007	マドリードの列車同時テロ（11-M 事件）の主犯格 2 人に約 4 万 3000 年の禁固刑の判決．第 16 回イベロアメリカ・サミットで不規則発言を繰り返す．ベネズエラのチャベス大頭領に「黙らんか」と国王ファン・カルロス 1 世が一喝．フランコの軍事独裁体制を公式に非難、「歴史の記憶」法案を賛成多数で可決．	サラゴサで「水と持続可能な開発」をテーマとする国際博覧会が開催．日本の皇太子の記念講演． 東京にセルバンテス文化センターを開設．
2008	国王ファン・カルロス 1 世夫妻、訪日．不動産バブルが崩壊．	
2009	米西関係の正常化を求めてサパテロ首相、就任後初めてホワイトハウスを訪問． モラティノス外相、キューバのカストロ議長と会談．	
2010		バルガス・リョサ、ノーベル文学賞受賞． サッカーワールドカップ優勝．
2014	ファン・カルロス 1 世の退位、フェリペ 6 世即位	
2015	フェリペ 6 世夫妻、米国を公式訪問． カタルーニャ州議会選挙、独立派が勝利．	「サンディアゴ・デ・コンポステーラの巡礼路」世界遺産に拡大登録

【参考文献】

1章　スペインの歴史

◆ フアン・ソペーニャ『スペインを解く鍵』平凡社選書、1986。
◆ 渡部哲郎『バスクとバスク人』平凡社新書、2004。
◆ アメリコ・カストロ著、本田誠二訳『スペイン人とは誰か―その起源と実像』水声社、2012。
◆ アントニオ・ドミンゲス・オルティス著、立石博高訳『スペイン三千年の歴史』昭和堂、2006
◆ J.H. エリオット著、藤田一成訳『スペイン帝国の興亡 1469-1716』岩波モダンクラシックス、2009。
◆ フィリップ・ウェイン・パウエル著、西澤龍生・竹田篤司訳『憎悪の樹――アングロVS イスパノ・アメリカ』論創社、1995。
◆ バーネット・ボロテン著、渡利三郎訳『スペイン革命――全歴史』晶文社、1991。
◆ ポール・プレストン著、宮下嶺夫訳『スペイン内戦――包囲された共和国 1936-1939』世界歴史叢書、2009。

2章　スペインの美術

◆ 馬杉宗夫『スペインの光と影――ロマネスク美術紀行』日本経済新聞社、1992。
◆ 岡村多佳夫『スペイン美術鑑賞紀行 1　マドリード・トレド編』美術出版社、1995。
◆ 岡村多佳夫『スペイン美術鑑賞紀行 2　バルセロナ・バレンシア編』美術出版、1996。
◆ アーヴィング著、平沼孝之訳『アルハンブラ物語』岩波文庫、1997。
◆ 神吉敬三『プラドで見た夢――スペイン美術への誘い』中公文庫、2002。
◆ 池田健二『スペイン・ロマネスクへの旅』（カラー版）中公新書、2011。

第3章　スペインの建築

◆ 丹下敏明『スペイン建築史』相模選書、1979。
◆ F. チュエッカ著、鳥居徳敏訳『スペイン建築の特質』SD 選書、1991。
◆ 羽生修二・入江正之・西山マルセーロ編『フランス/スペイン/ポルトガル』世界の建築・街並みガイド 1（新装版）、エクスナレッジ、2012。
◆ 櫻井義夫（文）、堀内広治（写真）『スペインのロマネスク教会：時空を超えた光と影』鹿島出版会、2004。
◆ 陣内秀信・法政大学陣内研究室編『アンダルシアの都市と田園』鹿島出版会、2013。
◆ ウリオール・ブイガス著、稲川直樹訳『モデルニスモ建築』みすず書房、2011。
◆ 板倉元幸（写真・文）『スペイン民家探訪』ART BOX シリーズ、2004。

第4章　スペインの文学

◆ 牛島信明『スペイン古典文学史』名古屋大学出版会、1997。
◆ 佐竹謙一『スペイン文学案内』岩波文庫、2013。
◆ 牛島信明編訳『スペイン黄金世紀演劇集』名古屋大学出版会、2003。
◆ ガルシーア・ロルカ著、牛島信明訳『三大悲劇集 血の婚礼 他二篇』岩波文庫、1992。
◆ J.R. ヒメーネス著、長南実訳『プラテーロとわたし』岩波文庫、2001。
◆ M. バスケス・モンタルバン著、田部武光訳『楽園を求めた男』創元推理文庫、1985。

◆ フアン・ゴイティソーロ著、旦　敬介訳『戦いの後の光景』みすず書房、1996。
◆ ペレス・レベルテ著、大熊　榮訳『ナインスゲート』集英社文庫、2000。
◆ フリオ・リャマサーレス著、木村榮一訳『黄色い雨』ソニー・マガジンズ、2005。
◆ アデライダ・ガルシア＝モラレス著、野谷文昭・熊倉靖子訳『エル・スール』インスクリプト、2009。
◆ カルロス・ルイス・サフォン著、木村裕美訳『風の影』（上・下）集英社文庫、2006。

5章　スペインの音楽

◆ 浜田滋郎『フラメンコの歴史』晶文社、1983。
◆ 興津憲作『ファリャ——生涯と作品』音楽之友社、1987。
◆ 海老沢敏・稲生永監修『ガイドブック音楽と美術の旅 スペイン』音楽之友社、1993。
◆ クララ・ジャネス著、熊本マリ訳『ひそやかな音楽——フェデリコ・モンポウ生涯と作品』東京音楽社、1993。
◆ リリアーナ・ソレヴェス・アルカライ著、谷口勇訳『セファラードス——ペイン・ユダヤ人の500年間の歴史･伝統･音楽』而立書房、1996。
◆ ウラディミール・ジャンケレヴィッチ著、近藤秀樹訳『遥かなる現前——アルベニス、セヴラック、モンポウ』春秋社、2002。
◆ 上原由記音著、濱田滋郎監修『粋と情熱——スペインピアノ作品への招待』ショパン、2004。
◆ 濱田滋郎『濱田滋郎の本——ギターとスペイン音楽への道』現代ギター社、2007。
◆ 高木洋子『スペインの風景——音楽で彩る旅行ガイド』ヤマハミュージックメディア、2009。
◆ エミリオ・プジョール著、濱田滋郎訳『タレガの生涯』現代ギター社、2009。
◆ 濱田滋郎『スペイン音楽のたのしみ』音楽之友社、2013。

第6章　スペインの言語

◆ 坂東省次・浅香武和共編『スペインとポルトガルのことば』同学社、2005。
◆ 山田善郎編『スペインの言語』同朋舎出版、1996。
◆ ラファエル・ラペサ著、中岡省治・三好準之助訳『スペイン語の歴史』昭和堂、2004。
◆ 川上茂信「多言語国家スペイン」立石博高・中塚次郎編『スペインにおける国家と地域——ナショナリズムの相克』国際書院、2002。
◆ 萩尾　生「バスク語の「正常化」—言語政策と言語権」萩尾　生・吉田浩美編著『現代バスクを知るための50章』明石書店、2012。
◆ 長谷川信弥「バイリンガル社会の実践—カタルーニャ語の現在」立石博高・奥野良知編著『カタルーニャを知るための50章』明石書店、2013。
◆ 坂東省次「多言語の国—スペイン語オンリーから多言語主義へ」坂東省次編著『現代スペインを知るための60章』明石書店、2013。

第7章　スペインの民族

◆ 安達かおり『イスラム・スペインとモサラベ』彩流社、1997。
◆ 近藤仁之『スペインのジプシー』人文書院、1995。
◆ 関　哲行『スペインのユダヤ人』世界史リブレット59、山川出版社、2003。
◆ 立石博高編『スペイン・ポルトガル史』新版世界各国史16、山川出版社、2000。

第8章　スペインの食文化

◆ 渡辺万里『スペインの竈から』現代書館、2010。
◆ 渡辺万里『修道院のうずら料理』現代書館、2002。
◆ 渡辺万里『エル・ブジ至極のレシピ集』日本文芸社、2000。
◆ 立石博高『スペイン』世界の食文化 14、農山漁村文化協会、2007。
◆ 深谷宏治『スペイン料理――料理・料理場・料理人』柴田書店、2000。
◆ セサール・フラガ著、池田宗弘画『フラガ神父の料理帳』ドン・ボスコ社、2010。

第9章《ドン・キホーテ》

◆ アメリコ・カストロ著、本田誠二訳『セルバンテスの思想』法政大学出版局、2004。
◆ アメリコ・カストロ著、本田誠二訳『セルバンテスとスペイン生粋主義』2006
◆ アメリコ・カストロ著、本田誠二訳『セルバンテスへ向けて』水声社、2008。
◆ カルロス・フエンテス著、牛島信明訳『セルバンテスまたは読みの批判』長肆風の薔薇、1982。
◆ ジャン・カナヴァジオ著、円子千代訳『セルバンテス』法政大学出版局、2000。
◆ 本田誠二『セルバンテスの芸術』水声社、2005。

10章　サグラダ・ファミリア

◆ 丹下敏明『ガウディの生涯』彰国社、1978。
◆ 入江正之『アントニオ・ガウディ論』早稲田大学出版部、1985。
◆ 鳥居徳敏『ガウディの七つの主張』SD ライブラリー、1990。
◆ 外尾悦郎『ガウディの伝言』光文社新書、2006。
◆ 田中裕也『実測図で読むガウディの建築』彰国社、2012。

11章　ゲルニカ

◆ 末永照和『ピカソの時代』未來社、1972。
◆ 瀬木慎一『人間ピカソ』日本放送出版協会、1973。
◆ アンソニー・ブラント著、荒井信一訳『ピカソ〈ゲルニカ〉の誕生』みすず書房、1981。
◆ 柏倉康夫『ピカソの祈りゲルニカ帰郷』日本放送出版協会、1981。
◆ 木島俊介『ミステリアス、ピカソ――画家とモデルたち』福武書店、1989。
◆ ジャン＝ルイ・フェリエ著、根本美作子訳『ピカソからゲルニカへ』筑摩書房、1990。
◆ 荒井信一『ゲルニカ物語――ピカソと現代』岩波新書、1991。
◆ ルイス・デ・カストレサナ著、狩野美智子訳『もう一つのゲルニカの木』平凡社、1991。
◆ 大高保二郎『ピカソ美術館 4　戦争と平和』集英社、1992。
◆ 飯田善国『ピカソ』20 世紀思想家文庫、岩波書店、1983。
◆ ジェラール・レニエほか監修『ピカソ：愛と苦悩――《ゲルニカ》への道』東武美術館・朝日新聞社、1995。
◆ ラッセル・マーティン著、木下哲夫訳『ピカソの戦争《ゲルニカ》の真実』白水社、2003。

12章　闘牛

◆ ギャリー・マーヴィン著、村上孝之訳『闘牛――スペイン文化の華』平凡社、1990。
◆ 有本紀明『闘牛――スペイン生の芸術』講談社選書メチエ、1996。
◆ 佐伯泰英『闘牛はなぜ殺されるか』新潮選書、1998。
◆ 須藤哲生『ピカソと闘牛』水声社、2004。
◆ ミシェル・レリス著、須藤哲生訳『闘牛鑑』現代思潮新社、2007。

第13章　フラメンコとジプシー

◆ 浜田滋郎『フラメンコの歴史』晶文社、1986。
◆ 勝田保世『砂上のいのち―フラメンコと闘牛』音楽之友社、1978。
◆ 牛島信明・川成 洋・坂東省次編『スペイン学を学ぶ人のために』世界思想社、1999。
◆ パセオ編集部編『フラメンコへの誘い』晶文社、1986。
◆ D.E. ポーレン著、青木和美訳『フラメンコの芸術』現代ギター社、1988。
◆ 伊藤千尋『「ジプシー」の幌馬車を追った』大村書店、1999。
◆ ホセ・ラモン・マリニョ・フェロ著、川成　洋監訳、下山静香訳『サンティアゴ巡礼の歴史――伝説と奇蹟』原書房、2012。

第14章　世界遺産

◆ 牛島信明・福井千春訳『わがシッドの歌』国書刊行会、1994。

第15章　巡礼

◆ レイモン・ウルセル著、田辺　保訳『中世の巡礼者たち』みすず書房、1987。
◆ 池田宗弘『巡礼の道絵巻』形文社、1990。
◆ 杉谷綾子『神の御業の物語――スペイン中世の人・聖者・奇跡』現代書館、2002。
◆ ジャン=クロード・ブールレス著、田辺　保訳『サンティアゴ遥かなる巡礼の道』青山社、2006。
◆ 関　哲行『スペイン巡礼史――「地の果ての聖地」を辿る』講談社現代新書、2006。
◆ フランシスコ・シングル『聖地サンティアゴ巡礼の旅』エンジン・ルーム出版事業部、2008。
◆ ホセ・ラモン・マリニョ・フェロ著、川成　洋監訳、山下静香訳『サンティアゴ巡礼の歴史――伝説と奇蹟』原書房、2012。
◆ 岡本亮輔『聖地と祈りの宗教社会学――巡礼ツーリズムが生み出す共同性』春風社、2012。
◆ 日本カミーノ・デ・サンティアゴ友の会『聖地サンティアゴ巡礼　世界遺産を歩く旅』(増補改訂版)、ダイアモンド出版、2013。
◆ グザヴィエ・バラル・イ・アルテ『サンティアゴ・デ・コンポステーラと巡礼の道』創元社、2013。

16章　ワイン

◆ 中瀬航也『シェリー酒――知られざるスペイン・ワイン』PHP エル新書、2003。
◆ 鈴木孝壽『スペインワインの愉しみ』新評論、2004。
◆ ヘスス・バルキンほか著、大狩　洋監修、大田直子訳『スペインリオハ & 北西部』FINE WINE シリーズ、産調出版、2012。

17章　サッカー

◆ ジョン・カーリン著、有沢善樹訳『白の軍団――ベッカムとレアル・マドリードの真実』ランダムハウス講談社、2005。
◆ 小宮良之『エル・クラシコ―マドリーとバルサ、選ばれし者たちの華麗なる激闘』河出書房新社、2013。
◆ ディエゴ・シメオネ著、木村浩嗣訳『シメオネ超効果――リーダーの言葉で今あるチームは強くなる』ソル・メディア、2014。
◆ 田澤　耕『レアルとバルサ 怨念と確執のルーツ――スペイン・サッカー興亡史』中公新書ラクレ、2013。
◆ 西部謙司『FC バルセロナ』ちくま新書、2012。
◆ ネルソン・フレディ・パディーリャ著、金関あさ・ゴンサロ・ロブレド訳『ハメス・ロドリゲス 信じる』実業之日本社、2015。
◆ 西部謙司『レアルとバルサ その背中あわせの歴史――2大クラブを大局的に読み解く』角川書店、2011。
◆ フィル・ボール著、近藤隆文訳『バルサとレアル――スペイン・サッカー物語』日本放送出版協会、2002。
◆ フィル・ボール著、野間けい子訳『レアル・マドリー 白い巨人の百年史――ディ・ステファノからベッカムまで』ネコ・パブリッシング、2004。
◆ アルフレッド・レラーニョ著、上野伸久・田岡悠一訳『レアル・マドリード vs FC バルセロナ 因縁の 100 年史』ソフトバンククリエイティブ、2012。

ま 行

ら 行

わ 行

た　行

な　行

は　行

人 名 索 引

あ 行

か 行

さ 行

や 行

ら 行

わ 行

欧文

ま　行

な 行

は 行

た 行

さ 行

事項索引

あ行

か行

【編　者】

川成　洋（かわなり・よう）法政大学名誉教授。東京都立大学大学院修了。社会学博士（一橋大学）。スペイン現代史学会会長。著書に『スペイン戦争』（朝日選書）、『スペイン内戦』（講談社）、『青春のスペイン戦争』（中公新書）、『幻のオリンピック』（筑摩書房）、『紳士の国のインテリジェンス』（集英社新書）、『大学崩壊』（宝島社）、共編に『スペイン文化事典』『イギリス文化事典』（丸善出版）など。〔11、13章〕

【執筆者】（50音順）

浅野ひとみ（あさの・ひとみ）長崎純心大学教授。お茶の水女子大学大学院博士課程後期修了。博士（人文科学）。サンティアゴ・デ・コンポステーラ大学に留学。著書に『スペイン・ロマネスク彫刻研究』（九州大学出版会）、共著に『岩波キリスト教辞典』（岩波書店）、『スペイン文化事典』（丸善出版）、『スペインのガリシアを知るための50章』（明石書店）、『マドリードとカスティーリャを知るための60章』（明石書店）など。〔14、15章〕

井尻直志（いじり・なおし）関西外国語大学教授。大阪外国語大学（現大阪大学外国語学部）大学院修了。共訳に『ホセ・マルティ選集』（日本経済評論社）、『ボルヘス詩集』（思潮社）、共著に『スペイン内戦とガルシア・ロルカ』（南雲堂フェニックス）など。〔4章〕

伊藤喜彦（いとう・よしひこ）東海大学准教授。東京大学大学院修了。博士（工学）。共著書に『アンダルシアの都市と田園』（鹿島出版会）、共訳に『ガウディ　かたちの探求』（読売新聞東京本社）、共著に『スペイン文化事典』（丸善出版）など。〔3章〕

小川英晴（おがわ・ひではる）詩人。小川未明文学賞委員会委員・選考委員。「詩と思想」編集委員。著書（詩集）に『予感の猟場』『夢の蕾』（ともに味爽社）、『トマト感覚』（土曜美術社）、『創世記』『誕生』（ともに舷燈社）、『死者の書』（銅林社）など。詩論集に『ポエジー』など。編纂書に『芸術は生動す—小川未明評論・感想選集』（国文社）、『ロルカとフラメンコ』（彩流社）、『「日本の詩」100年』（土曜美術社出版）など。〔2章〕

梶田純子（かじた・じゅんこ）関西外国語大学教授。関西外国語大学大学院博士課程修了。博士（比較文化学）。著書に *LOS PUEBLOS Y LAS CASA EN"CASERIO"DEL PAIS VASCO YEN "IE"EN JAPON*（関西外国語大学出版）、共著に『スペイン内戦とガルシア・ロルカ』（南雲堂フェニックス）など。〔7章〕

木下泰男（きのした・やすお）道都大学非常勤講師。北翔大学大学院修了。北翔大学北方圏学術センター研究員。北海道スペイン教会副会長。89-91年、渡西。共著に『マドリードとカスティーリャを知るための60章』（明石書店）、スペイン建築家J.Ma.ジョジュールの建築に関する論文など。〔10章〕

下山静香（しもやま・しずか）ピアニスト。桐朋学園大学、東京大学非常勤講師。99年、文化庁芸術家在外派遣研修員として渡西。訳書に『サンティアゴ巡礼の歴史』（原書房）、共編に『マドリードとカスティーリャを知るための60章』（明石書店）、共著に『日本・スペイン交流史』（れんが書房新社）、『スペイン文化事典』（丸善出版）など。〔5章〕

須藤哲生（すどう・てつお）明治学院大学名誉教授。東京大学大学院修士課程修了。訳書に『ピカソと闘牛』（水声社）、ミッシェル・レリス『闘牛鑑』（現代思潮社）、ロジェ・グルニエ『水の鏡』『夜の寓話』（ともに白泉社）、共編書に『コンサイス和仏辞典』（三省堂）、『スペイン内戦とガルシア・ロルカ』（南雲堂フェニックス）など。〔11 章〕

坂東省次（ばんどう・しょうじ）京都外国語大学教授・学科長。京都セルバンテス懇話会代表。京都外国語大学大学院修了。共編に『日本スペイン交流史』（れんが書房新社）、『スペイン文化事典』（丸善出版）、編著に『現代スペインを知るための 60 章』（明石書店）、『スペイン王権史』（中央公論新社）、共著に『日本とスペイン　文化交流の歴史』（原書房）など。〔6 章〕

本田誠二（ほんだ・せいじ）神田外語大学教授。東京外国語大学大学院修了。著書に『セルバンテスの芸術』（水声社）、訳書に『ラ・ガラテア―パルナソ山への旅』（イスパニア叢書）、『セルバンテスの思想』『セルバンテスとスペイン生粋主義』『葛藤の時代について』（ともに法政大学出版局）、『セルバンテスへ向けて』『スペイン人とは誰か』（ともに水声社）など。〔9 章〕

安田圭史（やすだ・けいし）龍谷大学専任講師。ナバラ大学大学院修了。著書に *La diplomacia de la Segunda República española ante Japón* (Editorial Académica Española)、共著に『インターネット対応学習プログラム付き　スペイン語技能検定 5 級直前対策問題』（英潮社フェニックス）、『スペイン文化事典』（丸善出版）、『マドリードとカスティーリャを知るための 60 章』（明石書店）など。〔17 章〕

山崎信三（やまざき・しんぞう）元立命館大学教授。京都外国語大学大学院修了。2015 年 6 月死去。著書に『ドン・キホーテのことわざ・慣用句辞典』（論創社）、共著に『西訳日本ことわざ集』（山口書店）、共編に『ドン・キホーテ讃歌』『ドン・キホーテ事典』（ともに行路社）『スペイン語の世界』（世界思想社）『ドン・キホーテの世界』（論創社）『スペインの女性群像―その生の軌跡』（行路社）『スペイン内戦とガルシア・ロルカ』（南雲堂フェニックス）など。〔13 章〕

渡部哲郎（わたなべ・てつろう）横浜商科大学教授。上智大学大学院修了。著書に『バスクもう一つのスペイン　現在・過去・未来』（彩流社）、『バスクとバスク人』（平凡社新書）、共編に『新訂増補　スペイン・ポルトガルを知る事典』（平凡社）、『新スペイン内戦史』（三省堂選書）、『スペイン讃歌』（春秋社）、『スペイン内戦とガルシア・ロルカ』（南雲堂フェニックス）など。〔1 章〕

渡辺万理（わたなべ・まり）スペイン料理文化アカデミー主宰。早稲田大学非常勤講師。学習院大学卒。著書に『太陽が一番のごちそうだった』（新宿書房）、『スペインの竈から』（柴田書店）、『エル・ブジ　至極のレシピ集』（日本文芸社）、『修道院のうずら料理』（現代書館）、共著に『スペイン内戦とガルシア・ロルカ』『スペイン検定』（ともに南雲堂フェニックス）など。〔8、16 章〕

スペイン文化読本

平成 28 年 1 月 25 日　発　行

編　者　川　成　　　洋

発行者　池　田　和　博

発行所　丸善出版株式会社
〒101-0051 東京都千代田区神田神保町二丁目17番
編 集：電話(03)3512-3264／FAX(03)3512-3272
営 業：電話(03)3512-3256／FAX(03)3512-3270
http://pub.maruzen.co.jp/

組版印刷・中央印刷株式会社／製本・株式会社 松岳社

ISBN 978-4-621-08995-8　C 0022　Printed in Japan